PHÄNOMINT
WISSEN · FORSCHEN · STAUNEN

J. Berliner,
Dr. K. Luckett und
V.M. Williams

Das große Buch der Experimente

Spielerisch leicht Naturwissenschaften entdecken

moses.

Impressum
Die Originalausgabe erschien 2022 In Großbritannien bei Silver Dolphin Books, einem Imprint von Printers Row Publishing Group, eine Abteilung von Readerlink Distribution Services, LLC, 9717 Pacific Heights Blvd, San Diego, CA 92121, www.silverdolphinbooks.com.

Autoren: Jonny Berliner, Dr. Kate Luckett und Victoria M. Williams
Design: Anna Gatt & Lindsey Johns
Herausgeber: James Evans
Editorial Director: Isheeta Mustafi
Senior Designer: Katherine Radcliffe
Managing Editor: Jacqui Sayers
In-house Editor: Emily Angus
Project Editor: Katie Crous

Titel der Originalausgabe: Genius Lab Science, Genius Lab Engineering

3. Auflage 2025

moses. Verlag GmbH
Arnoldstraße 13d
47906 Kempen
Fon 02152-209850
Fax 02152-209860
Mail Info@moses-verlag.de
www.moses-verlag.de

Übersetzung aus dem Englischen: Stefanie Kuballa-Cottone
Lektorat: Beate Bücheleres-Rieppel
Covergestaltung: Melanie Dahmen
Typographie und Satz: Weiß-Freiburg GmbH — Grafik und Buchgestaltung
Redaktion: Geesche Oetken

ISBN: 978-3-96455-288-4

Printed in China

Bildnachweis: Shutterstock.com: Monica Butnaru (U1, tropfendes Wasser); Olarn Meesang (U1, HG u.r.); Sergey Nivens (U1, HG o.l.); stock.adobe.com: akeeris (U1, Packpapier); Trutta (HG m./o. r.).

FSC www.fsc.org MIX Papier | Fördert gute Waldnutzung FSC® C016973

PHÄNOMINT
WISSEN • FORSCHEN • STAUNEN

J. Berliner,
Dr. K. Luckett und
V.M. Williams

Das große Buch der Experimente

Spielerisch leicht Naturwissenschaften entdecken

moses.

INHALT

Einleitung

Bevor es losgeht

NATURWISSENSCHAFT-LICHE EXPERIMENTE

TECHNIK-EXPERIMENTE

An alle Eltern und Pädagog*innen

Dieses Buch möchte bei Ihren Kindern die Begeisterung für **M**athematik, **I**nformatik, **N**aturwissenschaft und **T**echnik wecken und Lust auf **K**unst und **K**reativität machen (MINT+K). Aufregende Experimente für zu Hause ermöglichen es den Kindern, ihr Potenzial spielerisch zu entfalten – ganz ohne Schulstress!

Dieses Mitmach-Buch macht Spaß! Die hier vorgestellten naturwissenschaftlichen Experimente regen Kinder an, Fragen zu stellen, zu forschen und die Welt um sie herum verstehen zu lernen. Die Experimente decken Themen ab, die in der Schule behandelt werden, bieten aber auch Erkenntnisse und Methoden, die im Unterricht vielleicht zu kurz kommen.

Grundschulkinder sind in einer wichtigen Phase, was ihr Verhältnis zu den Naturwissenschaften angeht — viele beschließen in diesem Alter, dass sie das alles langweilt oder überfordert. Doch Freude am Erkenntnisgewinn durch kindgerechte Anleitungen und spannende Projekte können das Interesse und die Faszination an der Welt nachhaltig fördern, und wenn wissenschaftliche Experimente ohne Zutun der Erwachsenen gelingen, stärkt das Selbstvertrauen und Eigenständigkeit.

Die Experimente

Bei den Versuchen kommen einfache Materialien zum Einsatz, die im Haushalt vorhanden oder problemlos zu beschaffen sind. Die leicht nachvollziehbaren Anleitungen stellen sicher, dass die kleinen Forscher*innen mit Spaß bei der Sache sind und nicht an komplizierten Schritten scheitern. Überlassen Sie, wo möglich, den Kindern die Führung, selbst wenn nicht alles läuft wie geplant. Geben Sie ihnen Zeit, Probleme selbst zu lösen, oder locken Sie sie mit Hinweisen auf die richtige Spur – ein Experiment eigenständig durchgeführt oder etwas selbst herausgefunden zu haben, steigert das Erfolgserlebnis der Kleinen.

Natürlich kann es Momente geben, in denen Sie eingreifen und unterstützen, um Schaden abzuwenden. Ein rotes Ausrufezeichen markiert Aktivitäten, die unter Aufsicht von Erwachsenen durchgeführt werden sollten (z. B. wenn heißes Wasser im Spiel ist). Experimente, bei denen unweigerlich gekleckert wird, tragen das rechts zu sehende Farbklecks-Symbol. So weiß Ihr Kind, dass es Vorkehrungen treffen und die Arbeitsfläche z. B. mit einem Tablett schützen muss oder, sofern möglich, den Versuch im Freien durchführen sollte.

Wir hoffen, die hier vorgestellten Versuche wecken das Interesse der Kinder an Naturwissenschaft & Technik und motivieren sie, Fragen zu stellen und zu recherchieren. Am Ende jedes Experiments finden sich unter der Überschrift „Forsche weiter" Vorschläge, wie die Versuchsanordnung verändert werden kann, um zusätzlich noch andere Erkenntnisse zu gewinnen. Wir empfehlen außerdem, ein Protokollheft zu führen, in dem die Kinder ihre Prognosen, Ergebnisse und Gedanken festhalten können und so eine Vorstellung von wissenschaftlicher Arbeit bekommen. Um bei ihren Kindern Neugier und unabhängiges Denken zu fördern, müssen die Eltern keine eingefleischten Wissenschaftler*innen sein. Befragen Sie sie zu ihren Versuchen, Resultaten und Theorien, loben Sie ihre Erfolge und helfen Sie ihnen, aus „Fehlern" zu lernen. Denken Sie daran: In diesem Alter (eigentlich immer, wenn Sie uns fragen!) ist Spaß viel wichtiger als Fakten oder Perfektion.

EINLEITUNG

Was ist Naturwissenschaft?

Seit jeher versuchen wir Menschen die Welt zu verstehen. Zu Beginn stellten die Leute einfache Betrachtungen an über Dinge, die sie sahen, hörten, rochen, schmeckten oder fühlten. Dann, mit wachsendem Kenntnisstand, begannen die Menschen, planvoller vorzugehen. Sie stellten Fragen, entwickelten Theorien, wagten Vorhersagen basierend auf dem, was sie schon wussten, und fanden Wege, diese zu überprüfen. Heute können wir dank moderner Technik sogar Dinge untersuchen, die für das bloße Auge unsichtbar sind, die Tiefsee erkunden und ins All reisen. Das Ziel bleibt jedoch: So viel erforschen und lernen, wie wir können.

Die Wissenschaft ist ein Mittel, unsere Kenntnisse über das Universum zu erweitern, indem wir auf ein System aus Beobachtungen und Beweisen zurückgreifen. Sie hilft uns, die Gesetzmäßigkeiten, denen unsere Welt gehorcht, zu erkennen und zu verstehen. Wir können unsere Sinne benutzen, um Beobachtungen zu machen, und uns dann **Experimente** ausdenken, um die Ursachen dieser Beobachtungen herauszufinden. Menschen – und Wissenschaftler*innen im Besonderen – stellen ständig Fragen und suchen nach Mitteln und Wegen, Antworten zu erhalten. Eine einzelne Beobachtung allein reicht häufig nicht, um etwas erklären zu können. Experimente helfen uns, Dinge tiefgreifender zu erschließen, und indem wir diese Experimente wiederholen, stellen wir sicher, dass das erste Ergebnis kein Zufall war.

Je mehr Beweise wir finden, desto sicherer können wir sein, dass wir auf der richtigen Fährte sind. Ohne sie können uns unsere Vorstellungen und das, was wir zu wissen *glauben*, aber nicht vollkommen verstehen, in die Irre führen. Früher, als die Wichtigkeit von unvoreingenommenen, nachprüfbaren Beweisen noch nicht allgemein anerkannt war, glaubten die Leute einige sehr merkwürdige Dinge – z. B. dass Schafe auf Bäumen wüchsen und die Erde das Zentrum des Sonnensystems sei. Auch heute wissen wir längst nicht alles, aber dank Experimenten und des gesammelten Beweismaterials verstehen wir das Universum besser als alle Menschen, die vor uns lebten.

Nach wie vor gibt es aber viel zu erforschen. Wer weiß, was wir als Nächstes herausfinden? Und das Tolle daran ist: Du könntest die Person sein, die es entdeckt!

Experimente liefern außerdem Nachweise: Jedes Ergebnis streicht entweder etwas von unserer Liste der möglichen Erklärungen oder unterstützt eine davon. Je eifriger wir forschen, desto besser können wir unsere Liste einengen, bis wir schließlich die wahrscheinlichste Antwort auf unsere Frage gefunden haben.

Alle **fett** gedruckten Begriffe werden im Glossar auf den Seiten 246–249 erklärt.

Was machen Wissenschaftler*innen?

Es gibt Hunderte von Wissenschaftszweigen. Die naturwissenschaftlichen Teilbereiche reichen von Astrophysik bis Zoologie und können wie folgt unterteilt werden:

1. Physik & Astronomie

Die Physik untersucht Dinge wie Bewegung, Materie, Energie und Kräfte, während die Astronomie Weltraumobjekte wie Planeten, Monde, Sterne und Asteroide erforscht.

2. Geowissenschaften

Dieser Wissenschaftszweig umfasst die Erforschung unseres Planeten und Dinge wie **Meteorologie** (Wetter), Geologie (Gesteine) und Ozeanografie (Meere).

3. Biowissenschaften

Hier dreht sich alles um die Erforschung lebender Organismen. Dazu zählen etwa Botanik (Pflanzen) und Zoologie (Tiere) als Untergruppen der Biologie, aber auch Chemie, Medizin (Gesundheit und Krankheit) und Ökologie (Wechselbeziehung zwischen Lebewesen und ihrer Umwelt).

Vor ein paar Hundert Jahren konnte man sich mit mehreren wissenschaftlichen Feldern gleichzeitig befassen, wenn man wollte. Heute, wo es so viel mehr Wissen gibt und die Experimente viel spezifischer sind, beschränkt sich das Expertentum von Wissenschaftler*innen meist auf ein bestimmtes Gebiet. Es gibt Expert*innen für alles, von Saturnringen bis Spinnennetzen. Wenn dir eine Frage einfällt, deren Antwort wir noch nicht kennen, gibt es wahrscheinlich irgendwo auf der Welt jemanden, der das gerade erforscht.

Oft gehen wir davon aus, dass Wissenschaftler*innen im Labor arbeiten, und viele tun das auch, denn dort lassen sich die Bedingungen am besten kontrollieren, und man kann sehr präzise arbeiten. Andere forschen jedoch ganz woanders, erkunden Meerestiefen im U-Boot, plagen sich im Krankenhaus, erarbeiten detaillierte Raketenkonstruktionen, seilen sich von Steilhängen ab, marschieren durch den Urwald oder lehren an Universitäten.

Doch egal, wo und woran sie arbeiten – alle Wissenschaftler*innen verfolgen das gleiche Ziel: etwas herausfinden und der Welt davon erzählen. Trotz der unterschiedlichen Themen ist ihre Vorgehensweise ähnlich, denn alle halten sich an die wissenschaftliche Methode. Diesen Standard einzuhalten, ist wichtig, da Wissenschaft ein hohes Maß an Sorgfalt und Genauigkeit erfordert. Das bedeutet aber nicht, das Forscher*innen immer todernst sind. Es braucht Kreativität, Neugier und Leidenschaft, um Antworten zu finden und Probleme zu lösen. Wissenschaftler*innen stellen ständig Fragen, entwickeln Ideen, schmieden Pläne, erfinden und optimieren. Probiere es aus! Auch du kannst Wissenschaftler*in sein!

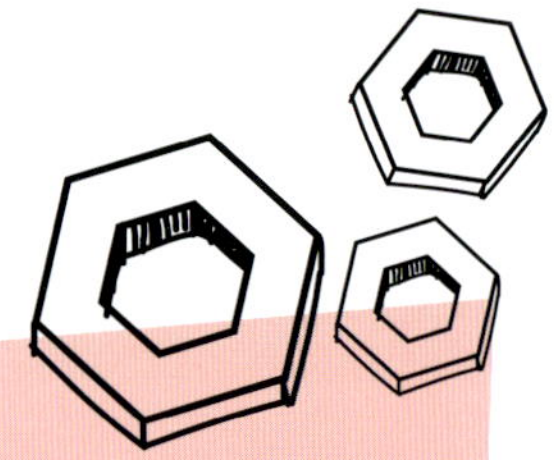

Was ist Technik?

Mithilfe der Technik können wir die Erkenntnisse der Naturwissenschaften für uns praktisch nutzbar machen. Ingenieurinnen und Ingenieure sind Technik-Experten. Sie wollen herausfinden, wie etwas funktioniert und wie sich dieses Wissen in anderen Bereichen anwenden lässt. Die Technikwissenschaften umfassen zahlreiche Fachgebiete; die bekanntesten sind Elektrotechnik, Maschinenbau, Werkstofftechnik, Bauingenieurwesen und Chemietechnik.

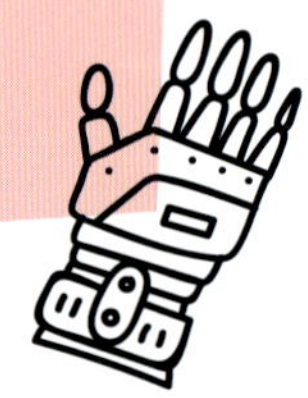

ELEKTROTECHNIK

Elektrotechniker*innen kümmern sich um verschiedene Dinge, die elektrische Energie nutzen. Sie reparieren, optimieren oder entwerfen Elektrogeräte. Sie bauen und warten Elektromotoren, Stromversorgungsnetze, Computer, Telefone, Fernbedienungen und vieles mehr.

MASCHINENBAU

Dieses technische Fachgebiet untersucht, wie Dinge in Bewegung gebracht werden können – und wie diese Bewegung tatsächlich abläuft. Maschinenbauingenieur*innen entwickeln Maschinen und finden heraus, wie **Energie**, **Kraft** und Bewegung eingesetzt werden. Sie entwerfen und bauen z. B. Kühlschränke, Roboter, Bohrer oder Flugzeugmotoren.

WERKSTOFFTECHNIK

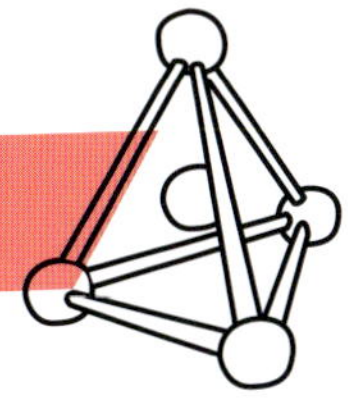

Der Fachbereich Materialwissenschaft & Werkstofftechnik untersucht die Eigenschaften von Werkstoffen (z. B. Metalle oder Gesteinsarten) und ihre Verwendung. Materialien werden aus der Erde gewonnen oder im Labor hergestellt und dann in verschiedene Werkstoffe umgewandelt. Das Plastik, das wir jeden Tag benutzen, aber auch medizinische Implantate, Computerzubehör und Flugzeugteile wurden von Werkstofftechniker*innen entwickelt.

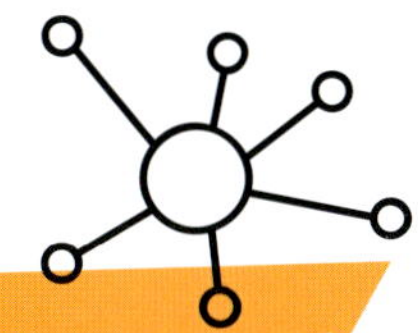

CHEMIETECHNIK

Chemietechniker*innen arbeiten daran, chemische Stoffe zu verändern oder zu kombinieren, sodass für uns nützliche Produkte entstehen. Mithilfe der Chemie verwandeln sie Rohstoffe in etwas, das wir verwenden können, von Nahrungsmitteln bis zur Medizin. Sie sorgen dafür, dass ein Bonbon nach Erdbeere schmeckt, oder färben unsere Kleider bunt!

BAUINGENIEURWESEN

Dies ist eine der ältesten Sparten der Technikwissenschaften. Bauingenieur*innen entwerfen und bauen z. B. Brücken, Gebäude, Tunnel und Flughäfen, aber auch die Straßen, die wir jeden Tag benutzen, um von A nach B zu kommen oder um Nahrungsmittel und andere lebenswichtige Güter zu transportieren. Das Bauingenieurwesen ist für die Menschheit von großer Bedeutung.

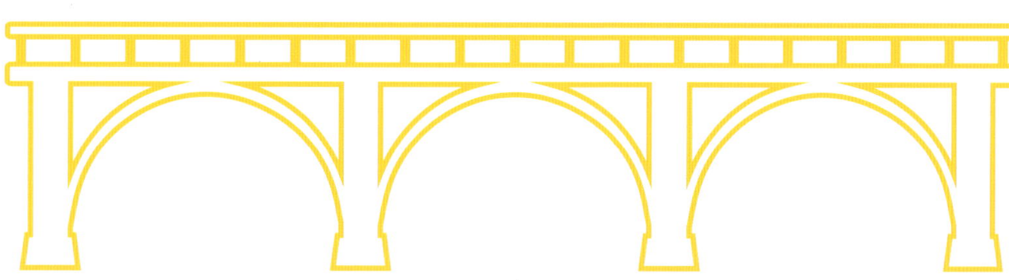

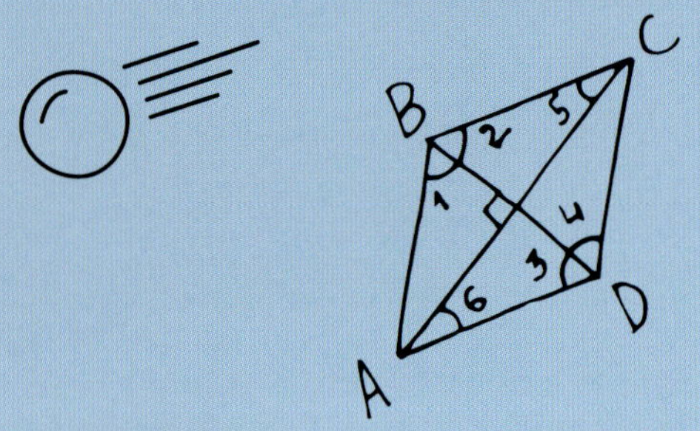

Was machen Techniker*innen?

Techniker*innen lösen Probleme. Mithilfe von Chemie, Biologie, Physik und Mathematik erfinden sie neue Dinge oder verbessern jene, die es schon gibt. Ihr Ziel ist es, Objekte oder Produkte zu entwickeln, die dazu beitragen, gesellschaftliche, wirtschaftliche, medizinische oder ökologische Probleme zu lösen. Kommt dir das bekannt vor? Kein Wunder, denn wir alle nutzen Technik! Wenn du aus Bauklötzen einen Turm baust oder überlegst, wie du am besten an die Keksdose auf dem obersten Regalbrett herankommst, erarbeitest du eine Lösung für ein Problem (einen hohen Turm bauen, der nicht einstürzt, bzw. einen schwer zugänglichen Ort erreichen).

DER PRODUKTENTWICKLUNGSPROZESS

Um größere Probleme zu lösen, greifen Techniker*innen auf eine Strategie zurück, den sogenannten Produktentwicklungsprozess. Er besteht (vereinfacht) aus fünf Schritten: Fragen, Ideenfindung, Planung, Gestaltung, Optimierung. Man kann zwischen den Schritten vor- und zurückspringen – oder noch einmal ganz von vorne anfangen.

Schritt 1: Fragen

Techniker*innen stellen zunächst viele Fragen zum Problem und versuchen, so viele Informationen wie möglich darüber zu gewinnen. Dabei berücksichtigen sie, wie ähnliche Probleme in der Vergangenheit gelöst wurden.

Schritt 2: Ideenfindung

Dieser Schritt macht oft am meisten Spaß. Kreativität ist wichtig, denn beim Überlegen, wie ein Problem gelöst werden könnte, hilft es, gewohnte Denkmuster zu verlassen. Alle Ideen werden berücksichtigt und um ein paar realistischere Ansätze ergänzt.

Schritt 3: Planung

Sobald die Entscheidung für ein bis zwei mögliche Lösungen gefallen ist, macht man einen ersten groben Plan, erstellt Diagramme und detaillierte Skizzen, um die Idee weiterzuentwickeln. Wichtig ist, das benötigte Zubehör zu haben und eine klare Methode auszuarbeiten, damit kein Schritt übersprungen wird.

Schritt 4: Gestaltung

Auf Grundlage des Plans aus Schritt 3 wird das Experiment aufgebaut und durchgeführt. Wenn etwas nicht funktioniert, findet man es jetzt heraus; in dem Fall kehrt man zu früheren Schritten zurück, um herauszufinden, was man anders machen muss. Wenn das fertige Produkt getestet wird, können weitere Änderungen nötig sein.

Schritt 5: Optimierung

Der Entwurf bzw. das Produkt funktioniert vielleicht, aber könnte es besser sein? Techniker*innen versuchen, die absolut beste Lösung für ein Problem zu finden. Tests zeigen auf, welche Teile verbessert, wie die Form verändert und wo Fehler ausgemerzt werden können.

ZEHN GRÜNDE FÜR KREATIVITÄT IN DEN MINT-FÄCHERN

Ohne Kreativität kein Fortschritt!

1 Du musst kein*e Wissenschaftler*in werden wollen, um Spaß an Wissenschaft zu haben.

Naturwissenschaft steckt in jedem Teil unseres Lebens. Manche Leute entscheiden sich für einen wissenschaftlichen Beruf, andere nutzen sie einfach im Alltag.

2 Je mehr, desto besser.

Je mehr Menschen sich mit Naturwissenschaft beschäftigen, desto mehr geniale Ideen können entstehen. Früher waren bestimmte Bevölkerungsgruppen von MINT-Fächern ausgeschlossen, dadurch sind uns all ihre Gedanken, ihr Können und ihr Wissen entgangen!

3 MINT+K macht schlau.

Mit MINT+K kannst du Fähigkeiten und Denkweisen entwickeln, die in allen Lebenslagen nützlich sind. Wenn du eine Entscheidung treffen oder ein Problem lösen willst, ist es hilfreich, die Welt zu verstehen und wissenschaftlich denken zu können.

4 MINT+K lebt von Kreativität.

Man weiß nie, wer als Nächstes eine weltbewegende Idee haben, eine umwälzende Erfindung oder Entdeckung machen oder ein grandioses Kunstwerk erschaffen wird.

5 MINT+K hilft dir, deine Fantasie zu benutzen.

Manchmal könnte man meinen, es ginge in der Naturwissenschaft nur darum, sich möglichst viele Fakten zu merken, aber Vorstellungskraft ist mindestens genauso wichtig!

6 Es gibt bestimmt ein MINT-Gebiet, das dir gefällt.

Bei so vielen verschiedenen Feldern und Themen ist auch für dich das Richtige dabei. Finde heraus, was dich begeistert.

7 Bleib dran!

Es ist völlig okay, etwas schwierig zu finden oder nicht gleich zu verstehen. Albert Einstein war ein schlechter Schüler, und Thomas Edison soll auch mehrere Versuche durchgeführt haben, bis seine erste Glühbirne leuchtete. Das Wichtigste ist, dass du dran bleibst, denn: Aus Fehlern lernen wir.

8 Die Welt ist absolut unglaublich.

Je mehr du über unsere Welt weißt, desto besser kannst du wertschätzen, wie seltsam, kompliziert und wunderschön sie ist.

9 MINT+K ist die Zukunft.

MINT+K prägt unsere Städte und Techologien, unsere Gesundheit und unsere Art zu leben. Wenn du ein Teil davon bist, kannst du aktiv mitgestalten.

10 MINT+K ist das Gegenteil von lustlosem Büffeln.

Die Möglichkeiten, mit MINT Spaß zu haben, sind so vielfältig, dass gar nicht alle ins Buch gepasst haben!

BEVOR ES LOSGEHT

Wie führt man ein Experiment durch?

Die wissenschaftliche Methode ist eine Vorgehensweise, Experimente durchzuführen und Antworten auf Fragen zu suchen. Sie ist kein festes Regelwerk, sondern ein Leitfaden, um herauszufinden, wie man am besten neue Erkenntnisse gewinnen kann. Versuche, beim Experimentieren die folgenden Schritte zu befolgen.

Schritt 1: Eine Frage stellen

Wenn du keine Frage stellst, kannst du keine Antwort finden! Deine Fragen können umfassend oder spezifisch sein. Sie können auf etwas beruhen, das du beobachtet hast und worüber du mehr erfahren willst. Mit Blick auf den Mond könntest du dich z. B. fragen: „Warum hat er überall diese Flecken?“

Schritt 2: Nachforschen

Sammle so viele Informationen, wie du kannst. Vielleicht haben andere schon etwas Nützliches herausgefunden. Das hilft dir, das Thema zu verstehen und dir vorzustellen, was sich abspielen könnte.

Schritt 3: Eine Hypothese aufstellen oder eine Prognose abgeben

Auf Grundlage deiner Beobachtungen und Recherchen formulierst du eine mögliche Antwort auf deine Frage. Das nennt man eine Hypothese. Du kannst auch eine Prognose formulieren, also eine Aussage darüber machen, was deiner Meinung nach in deinem Experiment passieren wird. Wenn du z. B. mehrere Objekte ins Wasser werfen willst, kannst du vorhersagen, welche schwimmen und welche untergehen werden. Ob du recht hast oder nicht, findest du im nächsten Schritt heraus.

Schritt 4: Experiment durchführen

Überlege dir ein Verfahren, um deine Hypothese zu überprüfen, stelle die dafür nötigen Materialien zusammen und führe das Experiment durch. Im Idealfall veränderst du jeweils immer nur eine Sache (die Variable): Wenn dein Ergebnis sich dadurch ändert, weißt du, woran es liegt.

Schritt 5: Ergebnisse notieren

Halte alle Resultate und Erkenntnisse fest, die helfen könnten, deine Frage zu beantworten. Das können Beobachtungen sein, Zeit-, Entfernungs- oder Temperaturmessungen. Wenn du das Experiment wiederholst, musst du darauf achten, die gleichen Faktoren zu messen und sie abzugleichen.

Schritt 6: Daten analysieren

Vergleiche deine Ergebnisse mit deiner Hypothese. Passen sie zusammen? Wenn ja, wie kannst du dies nachprüfen? Wenn nicht, stelle basierend auf den Ergebnissen eine neue Hypothese auf und überprüfe sie mit einem neuen Experiment.

Schritt 7: Schlussfolgerung ziehen

Schau dir all deine Erkenntnisse an und denke eine Weile darüber nach. Beziehe sämtliche Informationen ein, um zu einer endgültigen Schlussfolgerung zu kommen – und einer wahrscheinlichen Antwort auf deine Frage.

Was brauchst du?

Unten findest du eine Liste mit Material und Zubehör, das du für die Durchführung der **naturwissenschaftlichen Experimente** im ersten Teil dieses Buches benötigst. Die meisten Sachen dürften in jedem Haushalt vorhanden sein. Ein paar Sachen musst du vielleicht im Supermarkt oder Bastelgeschäft besorgen. Gehe bei jedem Experiment die Materialliste durch, *bevor* du anfängst.

BASIS-MATERIALIEN

- ★ Luftballons
- ★ Backpulver
- ★ Schüsseln
- ★ Pappe
- ★ Kartons
- ★ Tonkarton
- ★ Cutter
- ★ Tasse
- ★ Geschirrspülmittel
- ★ Trinkgläser
- ★ Eier
- ★ Lebensmittelfarbe
- ★ Schraubgläser
- ★ Glitzer
- ★ Bastelkleber / Klebestift
- ★ Eiswürfel
- ★ Krug / Kanne
- ★ Messer
- ★ Filzstift / Permanentmarker
- ★ Modelliermasse
- ★ Papier
- ★ Büroklammern
- ★ Küchenkrepp / Papierhandtücher
- ★ Pinsel
- ★ Kieselsteine
- ★ Bleistifte
- ★ Mehl
- ★ Plastikflaschen
- ★ Trinkhalme
- ★ Frischhaltefolie
- ★ Weißleim oder Holzleim
- ★ ablösbare Klebepads
- ★ Gummibänder
- ★ Lineal
- ★ Salz
- ★ Schere
- ★ Zip-Beutel
- ★ Löffel
- ★ Klebeband
- ★ Stecknadel
- ★ Bindfaden
- ★ Sekundenkleber
- ★ Maßband
- ★ Tablett
- ★ Wasser

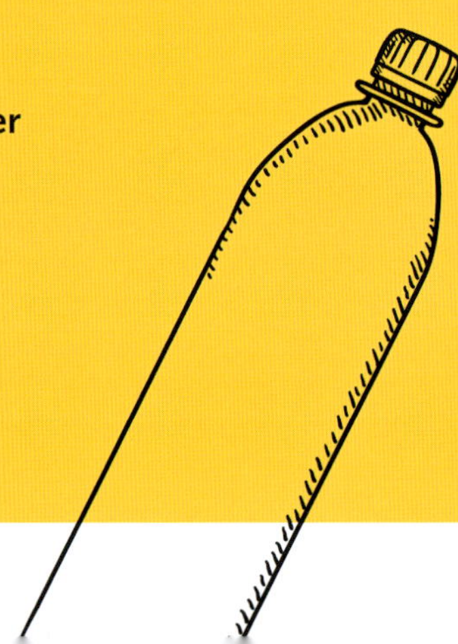

SPEZIELLES ZUBEHÖR FÜR EINZELNE EXPERIMENTE

- ★ Alaunpulver
- ★ Aluminiumfolie
- ★ Basketball oder Fußball
- ★ Bücher oder Notizhefte
- ★ Stangen- oder Ackerbohnensamen
- ★ Kuchenform / flache runde Schüssel
- ★ Rasierschaum aus der Dose
- ★ Kekse mit Schokoladenglasur
- ★ Kaffeefilter
- ★ Kompass
- ★ Maisstärke
- ★ Getränke, z. B. Wasser (mit / ohne Kohlensäure), Kaffee, Milchshake, Saft
- ★ Frische weiße Blüten, z. B. Nelken, Gänseblümchen oder Rosen
- ★ Trichter
- ★ Garten- oder Blumenerde
- ★ Gummibärchen (oder andere Gummibonbons)
- ★ Locher
- ★ Honig
- ★ Hufeisen- oder Stabmagnet
- ★ Zitrone
- ★ Murmeln
- ★ Marshmallows
- ★ Malerkreppband
- ★ Pfanne oder Backblech
- ★ Alte CD oder DVD (oder ein Kreis aus Pappe mit einem ca. 1,5 cm großen Loch in der Mitte)
- ★ Mikrowelle
- ★ Päckchen aktive Trockenhefe
- ★ Pfeffer
- ★ Stück alter Teppich oder altes Geschirrtuch
- ★ Plastikknopf oder Spielmarke
- ★ Teller
- ★ Push-Pull-Verschluss einer Trink- oder Spülmittelflasche
- ★ schnell wachsende junge Pflanze im Topf, z. B. eine Bohnenpflanze
- ★ Kakaopulver
- ★ etwas, um eine schiefe Ebene zu bauen, z. B. Bücherstapel, Kiste, Stuhl
- ★ Papiertaschentuch
- ★ leere Toilettenpapierrolle (oder eine andere dünne Pappröhre)
- ★ Spielzeugauto (oder ein anderes Spielzeug mit Rädern)
- ★ Margarine
- ★ kleine, flache Spiegel
- ★ Spachtel oder Pfannenwender
- ★ Sprühflasche
- ★ Stock (von draußen)
- ★ Klebeetiketten oder Klebezettel
- ★ Stab
- ★ Zucker
- ★ großes hitzefestes Behältnis
- ★ Tennisball oder Flummi
- ★ Bausteine, an die Räder montiert werden können
- ★ Reis (ungekocht)
- ★ Pflanzenöl
- ★ Uhr
- ★ Filzstifte auf Wasserbasis
- ★ Wachspapier
- ★ Holzspieß oder Holzlöffel

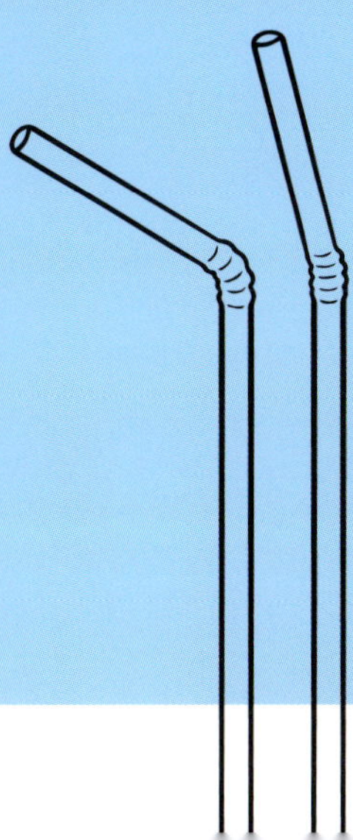

Unten findest du eine Liste der Materialien, die du für die Durchführung der **Technik-Experimente** im zweiten Teil dieses Buches benötigst. Die meisten Sachen habt ihr wahrscheinlich zu Hause, aber ein paar musst du vielleicht ausleihen oder kaufen. Gehe bei jedem Experiment die Materialliste durch, *bevor* du anfängst.

SPEZIELLES ZUBEHÖR FÜR EINZELNE EXPERIMENTE

- ★ Acryl- oder Abtönfarbe
- ★ Aktivkohle
- ★ Alufolie
- ★ Vogelfutter
- ★ Bücher
- ★ Besen
- ★ Seifenblasenlösung
- ★ Luftpolsterfolie
- ★ Pappkarton
- ★ Pappröhren
- ★ Mobiltelefon oder Tablet
- ★ Stühle
- ★ Kirschen
- ★ Schraubglas
- ★ Cola
- ★ Bunte Aufkleber
- ★ Kompass
- ★ Kompost
- ★ Weinkorken

BASIS-MATERIALIEN

- ★ Luftballons
- ★ Schüssel
- ★ Pappe
- ★ Tonkarton
- ★ Zellophan
- ★ Wäscheklammern
- ★ Kleiderbügel
- ★ Holzstiele (Bastelhölzer)
- ★ Trinkhalme
- ★ Locher
- ★ Filzstifte / Permanentmarker
- ★ Messbecher
- ★ Modelliermasse
- ★ Pinsel
- ★ Büroklammern
- ★ Pappbecher
- ★ Papier in verschiedenen Größen
- ★ Papierhandtücher / Küchenkrepp
- ★ Bleistifte
- ★ große und kleine Plastikflaschen
- ★ ablösbare Klebeknete
- ★ Gummibänder
- ★ Lineal
- ★ Schere
- ★ Tacker und Heftklammern
- ★ Klebeband
- ★ Schnur / Bindfaden
- ★ Maßband
- ★ Reißzwecken
- ★ Zahnstocher
- ★ Wasser
- ★ Holzspieße

- ★ ein paar kleine Zimmerpflanzen
- ★ Stapel Spielkarten
- ★ grünes Geschirrspülmittel
- ★ Gewebeklebeband
- ★ Taschenlampe
- ★ flexibler Schlauch
- ★ Gabel
- ★ Weintrauben
- ★ Handlupe
- ★ Honig
- ★ große Nähnadel
- ★ lebendes Moos
- ★ Landkarte der Umgebung
- ★ Magnet
- ★ Murmeln
- ★ Malerkreppband
- ★ Mentos™
- ★ Metalllöffel
- ★ Milch
- ★ Mini-Marshmallows
- ★ Taschenspiegel im Scheckkartenformat
- ★ Zeitungspapier
- ★ Tischtennisbälle
- ★ Pfeifenreiniger
- ★ Kanne
- ★ Mehl
- ★ Plastiklöffel
- ★ Plüschtiere
- ★ Pinnadeln
- ★ rohe Eier
- ★ rote Lebensmittelfarbe
- ★ Weißleim oder Holzleim
- ★ Schrauben
- ★ kleine Steine
- ★ Sprühflasche
- ★ gerades Trinkglas
- ★ Schwimmnudeln
- ★ Teelöffel
- ★ Stoppuhr
- ★ Papiertaschentücher
- ★ Spielzeugautos
- ★ Transparentpapier
- ★ Pflanzenöl

MÜLL VERMEIDEN

Statt jedes Mal alles neu zu kaufen, ist es wichtig, vorhandenes Material wiederzuverwenden, damit wir weniger Müll produzieren. Prüfe nach dem Abschluss jedes Experiments, was noch einmal benutzt werden kann, insbesondere, wenn es sich um Objekte aus Plastik handelt.

Manche Experimente verwenden Material, das du im Alltag sammeln kannst, damit du es bei Bedarf parat hast: Pappbecher und -kartons, Plastikflaschen, Trinkhalme und Schraubgläser. Achte darauf, ob solche Dinge im Haushalt anfallen, und lege dir einen kleinen Vorrat an. Wir versuchen, in den Experimenten so wenig Plastik wie möglich zu verwenden, da es schlecht für die Umwelt ist. Weil es aber wasserfest und leicht zu schneiden ist, kommt in manchen Fällen kein anderes Material infrage.

Vergiss nicht, deine Materialien am Ende an den Ort zurückzulegen, wo du sie hergeholt hast. Wenn alles schön aufgeräumt ist, gehen die Sachen nicht so leicht kaputt, und du findest sie schnell, wenn du sie brauchst. So kannst du sie immer wieder verwenden.

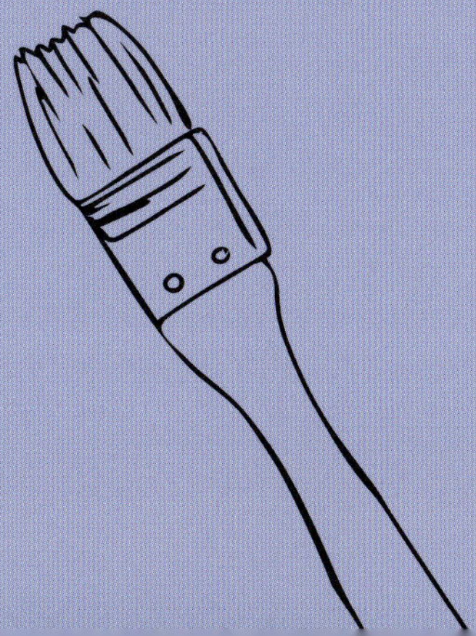

Was gute Wissenschaftler*innen ausmacht

Halte dich an die wissenschaftliche Methode. Beginne mit einer Frage, sammle Belege und ziehe eine Schlussfolgerung. Die einzelnen Schritte musst du nicht auswendig lernen – du kannst sie immer wieder auf Seite 21 nachlesen. Es gilt noch weitere Faktoren zu bedenken, z. B. wo du dein Experiment durchführst oder was zu tun ist, wenn es nicht wie geplant abläuft.

Ein bisschen Chaos ist okay, aber es sollte nicht ausarten!

Bei manchen Experimenten in diesem Buch kann es chaotisch werden. Ein wenig herumzukleckern kann großen Spaß machen, doch wenn dabei etwas beschädigt wird, ist es mit der guten Laune schnell vorbei. Aber keine Sorge! Du findest ein Warnsymbol auf bestimmten Seiten, das dir verrät, bei welchen Experimenten du besonders aufpassen bzw. Vorkehrungen treffen musst. Wenn möglich, führst du solche Experimente einfach draußen durch.

Mit Kleckerei oder ohne – du musst den besten Ort für die Durchführung deines Experiments finden. Sind Flüssigkeiten beteiligt, brauchst du eine ebene Arbeitsfläche. Wenn viel Bewegung dazugehört, brauchst du genügend Platz. Wissenschaftler*innen bedenken all diese Faktoren, bevor sie mit ihren Untersuchungen beginnen.

Was tun, wenn etwas nicht so läuft wie geplant?

Wissenschaftliche Experimente laufen oft nicht wie erwartet, und das ist okay – tatsächlich lernen wir auf diese Weise dazu. Viele tolle Sachen wurden zufällig entdeckt oder erfunden, z. B. Cornflakes, Post-it™-Zettel oder Mikrowellengeräte.

Wenn eines der hier vorgestellten Experimente nicht so funktionert, wie du es dir vorgestellt hast, überprüfe zuerst die Materialliste und die Methode: Hast du alle Utensilien? Hast du alle Schritte befolgt? Wenn du etwas vergessen hast, probiere es noch einmal. War alles korrekt, musst du kreativ werden: Was könntest du versuchen, um das gewünschte Ergebnis zu erzielen?

Was gute Techniker*innen ausmacht

Abgesehen vom Befolgen der wissenschaftlichen Methode ist es für Techniker*innen wichtig, grundlegende Sicherheitsregeln einzuhalten, sich gut zu organisieren, Daten zu sammeln und sauber zu arbeiten. Technik-Experimente verlaufen manchmal nicht wie geplant, aber die Erfolgschancen steigen, wenn du die folgenden Punkte beachtest.

Auf Nummer sicher

Alle Experimente in diesem Buch sollen Spaß machen, aber es ist wichtig, sie sicher auszuführen. Wenn du z. B. Nadeln oder eine Schere benutzt, sei vorsichtig und laufe nicht damit herum. Halte kleinere Kinder von deinen Gerätschaften fern, denn sie könnten sich verletzen. Bitte bei Bedarf Erwachsene um Hilfe, vor allem, wenn du Plastikobjekte schneiden musst.

Organisation ist alles

Bevor du mit einem Experiment beginnst, lies dir Materialliste und Vorgehensweise durch. Gute Techniker*innen haben alles, was sie brauchen, *bevor* sie loslegen! Manchmal hast du vielleicht nicht genau das geforderte Objekt, aber findest vielleicht etwas Ähnliches, das auch funktioniert. Frage um Erlaubnis, wenn du etwas verwenden möchtest, das dir nicht gehört.

Sauber arbeiten

Achte darauf, dass dein Arbeitsplatz zu Beginn des Experiments sauber ist, und räume alle Utensilien gleich weg, wenn du fertig bist, damit nichts verloren geht. Bei einigen Experimenten wirst du unweigerlich kleckern – was ein Riesenspaß sein kann! –, aber es ist wichtig, sie an einem passenden Ort durchzuführen – nicht auf dem teuren Teppich, sondern auf einem gefliesten Boden (der lässt sich leicht reinigen) oder draußen. Trage alte Kleider, die schmutzig werden dürfen. Und schließlich: Die Cola-Mentos™-Fontäne (S. 220) muss auf jeden Fall draußen stattfinden!

Alles dokumentieren!

Vergiss nicht, all deine Ergebnisse in dein Protokollheft zu schreiben (siehe S. 32), ebenso sämtliche Messwerte, damit du das Experiment wiederholen kannst. Häufig verläuft in Experimenten nicht alles genau wie gedacht. Deshalb ist es wichtig, dass man im Nachhinein nachvolllziehen kann, an welcher Stelle etwas schiefgegangen sein könnte (z. B. wenn du etwas falsch gemessen hast).

Wann du um Hilfe bitten solltest

Naturwissenschaft ist faszinierend und spannend, kann aber auch gefährlich sein. Manche Wissenschaftler*innen arbeiten mit Feuer, gefährlichen Chemikalien, riesigen Maschinen oder führen Explosionen herbei. Solche Experimente gibt es in diesem Buch nicht, aber manchmal kommen heiße oder scharfe Objekte zum Einsatz. Wenn du dieses Symbol siehst, bitte eine erwachsene Person, dir zu helfen, damit du dich nicht verletzt. Du kannst natürlich auch um Hilfe bitten, wenn das Symbol nicht abgebildet ist! Wenn du dir bei irgendetwas nicht sicher bist, ist es immer besser, Erwachsene ins Forschungsteam zu holen.

Warum Teamwork so wichtig ist

Die meisten Experimente in diesem Buch kannst du eigenständig bewerkstelligen, wenn du willst. Sie können aber auch von mehr als einer Person durchgeführt werden. Bei einigen Experimenten solltet ihr mindestens zu zweit sein, um alles hinzubekommen, wie z. B. beim Flaschentornado (S. 130) und dem Luftkissenfahrzeug (S. 110).

Manche Experimente kann man in einen Wettbewerb oder ein Spiel verwandeln: Welcher Papierflieger fliegt am weitesten, welcher Fallschirm bleibt am längsten in der Luft? Spielt einander Melodien auf dem Xylophon vor und versucht, das Lied zu erraten. Und wenn du bei deinem Lieblingsexperiment den Dreh raus hast, kannst du Freund*innen bei der Durchführung assistieren.

Messwerte bestimmen & Protokoll führen

Wissenschaftler*innen lernen viel, indem sie ihre Entdeckungen aufschreiben. Es hilft ihnen, sich an ihre Ergebnisse zu erinnern, Messwerte zu vergleichen, wenn sie etwas Neues probieren, und Probleme zu lösen, wenn etwas nicht klappt (auch Forscher*innen machen Fehler!). Erkenntnisse, die schriftlich festgehalten wurden, kann man einfacher mit anderen teilen, was sehr wichtig für das Vorankommen ist – niemand hat die Zeit, alles selbst herauszufinden!

Protokollheft

Verwende ein Notizheft, um deine Gedanken aufzuschreiben und die Versuche zu protokollieren. Notiere so viele Informationen wie möglich – du weißt nie, was hilfreich sein wird, wenn du das Experiment später wiederholen willst. Folgende Dinge solltest du immer aufschreiben:

- ★ Messwerte: So siehst du, wie sich Werte verändern, oder erinnerst dich, was du vorher gemacht hast.
- ★ Name des Experiments und kurze Beschreibung: Beginne für jedes Experiment eine neue Seite.
- ★ Utensilien: Wenn du etwas veränderst, schreibe es auf, denn es könnte deine Ergebnisse beeinflussen.
- ★ Tägliche Beobachtungen: Wenn du die Anzahl der Vögel am Futterhäuschen zählst oder Windstärke und -richtung misst, notiere Datum, Uhrzeit und weitere Beobachtungen, die nützlich sein könnten, wie das Wetter.
- ★ Jeden Versuch: Wenn du ein Experiment mehrmals durchführst, protokolliere jeden Durchgang – 1. Versuch, 2. Versuch usw. – und was sich jeweils verändert hat. Wenn du z. B. verschiedene Methoden ausprobiert hast, um das Ei zu retten (S. 212), beschreibe Aufbau und Verlauf jedes einzelnen Versuches.
- ★ Ideen für weitere Experimente: Halte fest, was du nächstes Mal probieren willst – später weißt du es vielleicht nicht mehr!

Die Länge messen

Kurze Strecken kannst du mit einem Lineal messen, längere mit einem Maßband. Achte darauf, dass die „Null“ des Lineals sich genau an dem Punkt befindet, wo deine Messung beginnt. Wenn du weder Lineal noch Maßband hast, kannst du jede Strecke auch mit einem neuen Stück Bindfaden abmessen und dann die Stücke vergleichen.

Das Gewicht messen

Eine Küchenwaage ist ideal, wenn du etwas wiegen willst, das nicht allzu schwer ist. Wenn es um größere Gewichte geht, nimmst du besser eine Personenwaage. Digitale Waagen sind präziser und einfacher abzulesen als mechanische.

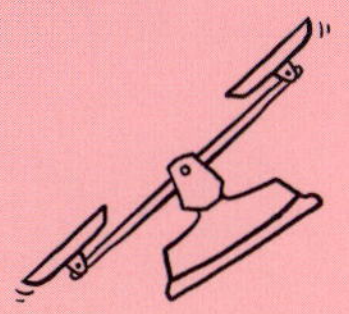

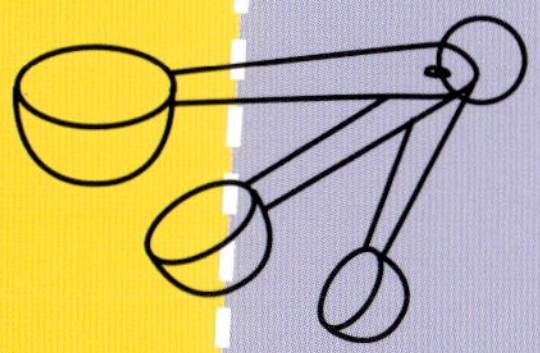

Das Volumen messen

Für die Experimente in diesem Buch brauchst du nur das Volumen von Flüssigkeiten zu bestimmen. Dafür eignet sich ein Messbecher, bei kleineren Mengen sind Messlöffel praktisch.

Die Zeit messen

Für exakte Zeitmessungen nutzt man am besten eine Stoppuhr (z. B. auf dem Smartphone). Alternativ kannst du eine Armbanduhr mit Sekundenzeiger nehmen, auch wenn diese Messung nicht so genau ist. Mit dem Smartphone lässt sich das Experiment außerdem filmen; wenn du das Video abspielst, hast du ebenfalls die exakte Dauer.

NATURWISSEN-SCHAFTLICHE EXPERIMENTE

ELEKTROSTATIK

Winzige unsichtbare Kräfte wirken zwischen den Atomen, aus denen alle Dinge aufgebaut sind. Selten bemerken wir sie, aber dieses Experiment macht sie sichtbar.

15 Minuten

Materialien

- ★ Tafelsalz, 1 großer Esslöffel
- ★ gemahlener Pfeffer, 2 großzügige Prisen
- ★ Teller
- ★ Luftballon

Forsche weiter!

Probiere, ob der Ballon an einer Oberfläche wie der Wand oder einem Heizkörper kleben bleibt. Bemerkst du einen Unterschied, ist er anders „klebrig"? Schreibe deine Beobachtungen in dein Protokollheft.

Methode

1. Gib das Salz auf einen Teller und vermische es mit ein paar kräftigen Prisen Pfeffer.
2. Puste den Luftballon auf, verknote ihn und reibe ihn eine Minute lang an deinen Haaren.
3. Halte den Ballon über den Teller mit dem Pfeffer-Salz-Gemisch und schaue zu, wie die Körnchen „hochspringen" und am Ballon kleben bleiben.

Was steckt dahinter?

Atome – die winzigen Teilchen, aus denen alles aufgebaut ist – bestehen unter anderem aus noch kleineren Partikeln, den sogenannten **Elektronen**. Die Elektronen werden von dem Kern im Zentrum eines Atoms angezogen, aber von anderen Elektronen abgestoßen. Diese Fähigkeit der Elektronen, Teilchen anzuziehen und abzustoßen, nennt man **elektrostatische Aufladung**. Wenn du mit einem Luftballon über deine Haare reibst, gehen Elektronen auf den Ballon über und laden ihn elektrostatisch auf; das macht ihn "anziehend"!

IN DER NATUR

In einer Gewitterwolke laden sich die Wassertropfen durch die Zusammenstöße untereinander auf. Wenn es regnet, fallen geladene Tropfen zu Boden. Dadurch entsteht eine Ladungsdifferenz zwischen Boden und Luft, die sich in Form eines Blitzes entlädt.

ZAUBER-EI

Ob ein Ei hart gekocht ist oder roh, findest du mit einem Trick heraus, der für Uneingeweihte wie Zauberei wirkt. Deine Freund*innen werden staunen!

Vorsicht
Bitte beim Eierkochen eine erwachsene Person um Hilfe.

10 Minuten

Materialien

- ★ 2 Eier (mindestens)
- ★ Topf mit kochendem Wasser
- ★ Schüssel mit kaltem Wasser

Methode

1 Bitte eine erwachsene Person, eines der Eier für 6–10 Minuten in kochendes Wasser zu legen, sodass es ganz durchgegart wird.

2 Lege das hart gekochte Ei in eine Schüssel mit kaltem Wasser, um es abzukühlen, bis es die gleiche Temperatur hat wie das rohe Ei bzw. die rohen Eier.

3 Lege alle Eier auf eine harte, glatte Oberfläche und stoße sie nacheinander mit den Fingern an, sodass sie sich drehen. Das hartgekochte Ei ist das einzige, das sich längere Zeit dreht.

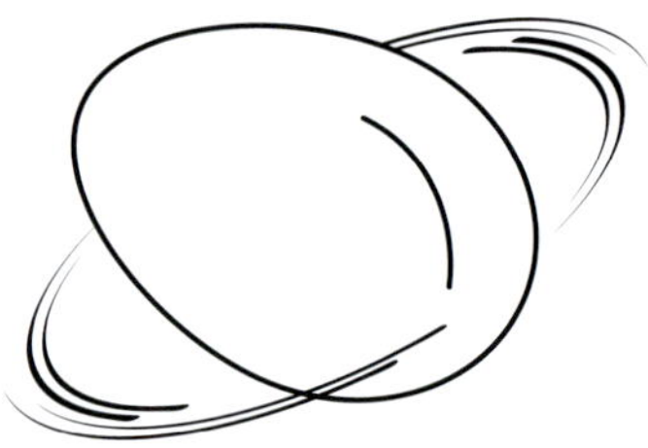

Was steckt dahinter?

Das rohe Ei ist innen flüssig. Wenn du es anstößt, schubst du die Schale an, aber das flüssige Innere setzt sich erst verzögert in Bewegung und schwappt ungleichmäßig herum, was das Ei bremst. Beim hart gekochten Ei liegt das Innere eng an der Schale an und dreht sich sofort mit ihr mit. Es ist stabil und dreht sich gleichmäßig.

IN DER NATUR

Der innere Kern der Erde besteht aus einer festen Eisenkugel, die von flüssigem Metall umhüllt ist. Wenn die Erde sich dreht, könnte man erwarten, dass sie sich verhält wie ein rohes Ei, aber der flüssige Erdkern kann wegen des Gewichtes des darüberliegenden Gesteins nicht genauso herumschwappen, deswegen drehen wir uns weiter. Erstaunlicherweise dreht sich der innere Kern schneller als die Oberfläche und macht alle 400 Jahre eine Drehung extra.

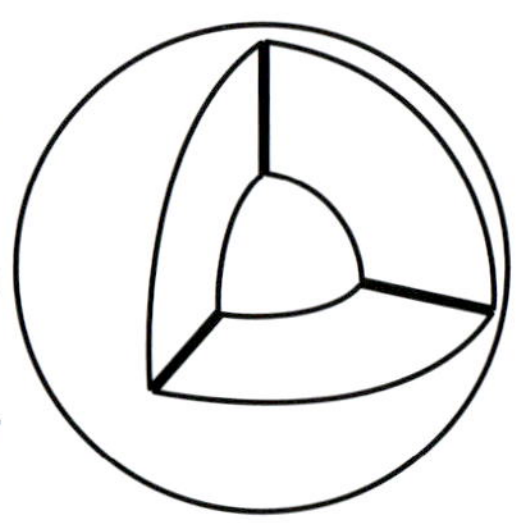

Forsche weiter!

Lege den Finger sachte auf die sich drehenden Eier, um sie anzuhalten, und nimm den Finger dann schnell weg. Du wirst feststellen, dass die Bewegung des hartgekochten Eis sofort stoppt, das rohe aber wieder anfängt, sich zu drehen. Das liegt daran, dass das flüssige Innere noch in Bewegung ist.

MEGA-SPRUNG

Zwei Bälle springen besser als einer! In diesem Experiment springt ein Ball viel höher, als du erwarten würdest, weil der Schwung eines zweiten Balles hinzukommt.

5 Minuten

Materialien

- ★ Basket- oder Fußball
- ★ Tennisball oder ein anderer kleiner Ball, der gut springt

Methode

1 Lass die Bälle einzeln zu Boden fallen, um zu sehen, wie hoch sie jeweils springen.

2 Lege nun den kleinen Ball auf den größeren, sodass sie einander berühren, halte beide so fest und lass sie dann gemeinsam fallen.

3 Der kleinere Ball wird viel höher springen als zuvor, wo du ihn alleine hast springen lassen.

Was steckt dahinter?

Der **Impuls** eines Körpers (umgangssprachlich: Schwung, Wucht) ist ein Maß dafür, wie schwierig es ist, seine Bewegung zu ändern. Schwere, schnelle Objekte sind schwerer zu stoppen oder umzulenken, ihr Impuls ist größer. Bei einem Aufprall kann der Impuls weitergegeben werden. Der große Ball ist schwer, sein Impuls ist größer. Beim Aufprall gibt er seinen Impuls an den kleineren Ball weiter, sodass dieser schneller wird.

IN DER NATUR

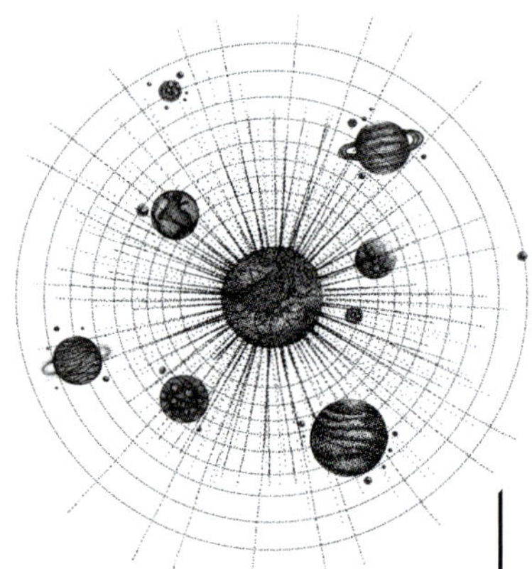

Die enorme Ausdehnung unseres Sonnensystems rührt daher, dass es durch die gigantische Explosion eines sterbenden Sternes entstanden ist. Alle schweren Objekte aus dem Zentrum flogen nur bis zum Asteroidengürtel zwischen Mars und Jupiter. Die leichteren wurden viel weiter geschleudert. Der Rand des Sonnensystems ist ca. 100.000-mal weiter von der Sonne entfernt als der Asteroidengürtel.

Forsche weiter!

Verändere die Größe der Bälle. Kannst du den Ball noch höher springen lassen? Du könntest dieses Experiment auch mit drei oder vier Bällen durchführen.

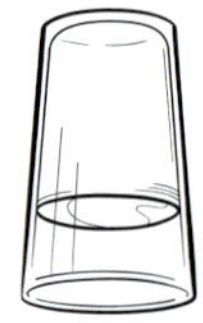

SCHWERELOSES WASSER

In diesem verblüffenden Experiment erfährst du, wie du Wasser scheinbar schwerelos machen kannst: Es bleibt in einem umgestülpten Glas, ohne Deckel.

Über dem Waschbecken oder der Badewanne durchführen!

5 Minuten

Materialien

- ★ Trinkglas
- ★ Wasser, um das Glas zur Hälfte zu füllen
- ★ ein Stück Tonkarton, 10 x 10 cm

Methode

1 Fülle ein Glas zur Hälfte mit Wasser und lege das Stück Tonkarton oben auf den Rand.

2 Drücke den Karton gegen das Glas, sodass er dicht abschließt, und drehe das Glas um; halte dabei den Karton fest. Am besten machst du das über einem Waschbecken oder über der Badewanne!

3 Lass den Karton langsam los. Achte darauf, dass er nach wie vor eng am Glas anliegt. Der Karton sollte weiterhin am Glasrand haften, und das Wasser sollte im Glas bleiben.

Forsche weiter!

Probiere Gläser in verschiedenen Formen und Größen aus.

Du kannst auch testen, wie sich unterschiedliche Wassermengen auswirken. Wieviel Wasser darf im Glas sein, damit der Trick funktioniert?

Was steckt dahinter?

Normalerweise nehmen wir den Luftdruck, der auf uns lastet, nicht wahr, weil er von allen Seiten gleichmäßig auf uns einwirkt und wir daran gewöhnt sind. Wenn das Glas umgedreht wird, drückt die Luft von unten gegen den Karton und verhindert so, dass Wasser herausfließt. Sobald aber Luft ins Glas gelangt, wird das Wasser von innen herausgedrückt und fällt nach unten.

IM ECHTEN LEBEN

Das Gewicht der Luft, die gegen uns drückt, ist verblüffend groß. Die Kraft, mit der die Luft auf deine Haut drückt, entspricht etwa dem Gewicht von drei Autos!

SPIELAUTOS MIT BALLONANTRIEB

Baue ein Auto mit Luftballonantrieb und starte einen Wettbewerb: Wer baut das schnellste, schnittigste Modell? Dann pustet die Ballons auf und lasst die Autos flitzen!

20 Minuten

Materialien

- ★ Spielbausteine
- ★ passende Achsen und Räder
- ★ Luftballons, für jedes Auto einen

Methode

1 Jede Person bastelt ein Auto nach ihren Vorstellungen (rechts siehst du einige Beispiele). Achtet darauf, dass die Autos hinten ein Loch haben, wo der Ballon befestigt werden kann.

2 Steckt das Mundstück und den Hals des Luftballons durch das Loch (siehe Abbildung unten).

Schritt 2

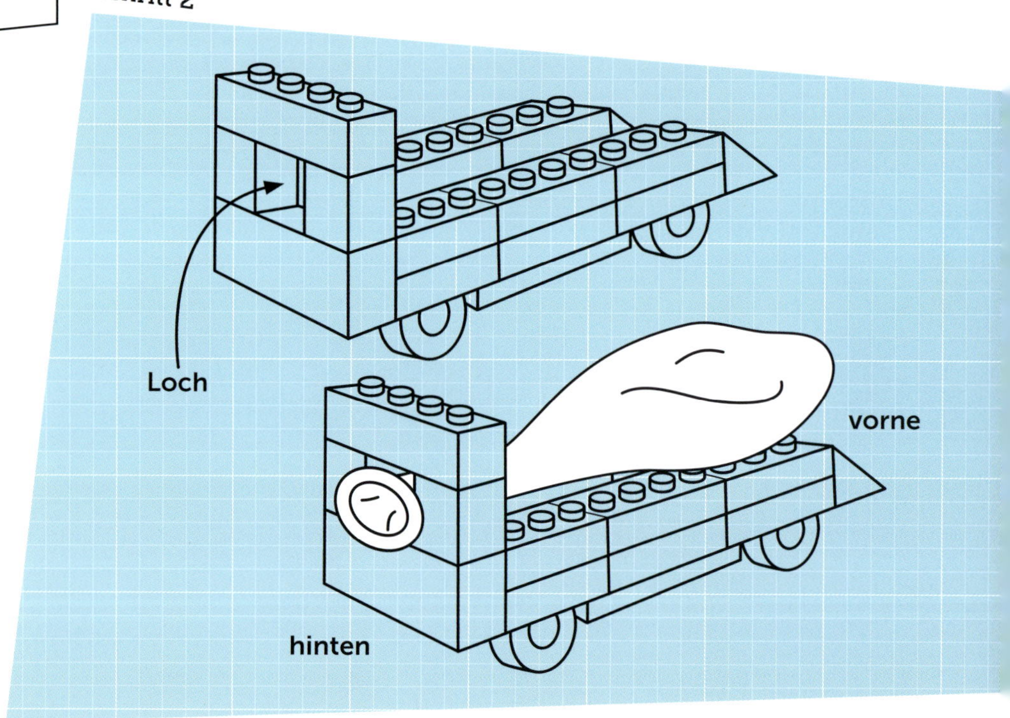

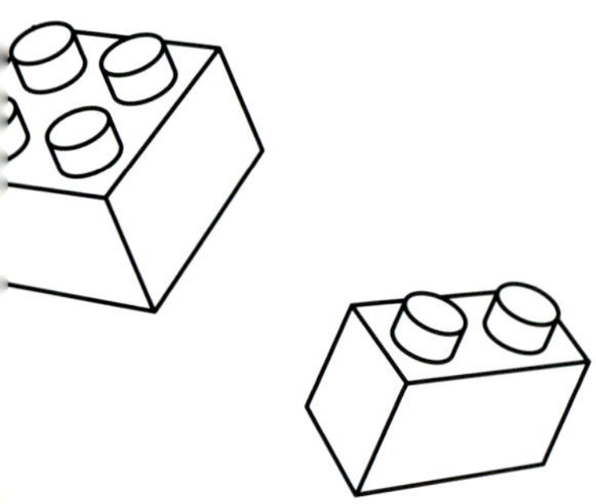

Pustet eure Ballons auf und schaut, wer gewinnt!

Forsche weiter!

Verändere die Form des Autos. Fährt es besser, wenn die Karosserie länger ist? Oder breiter? Ist es besser, wenn die Hinterräder größer oder kleiner als die Vorderräder sind?

Verändere die Stelle, wo du den Luftballon befestigst. Was passiert, wenn er weiter vorne angebracht wird?

Schritt 3

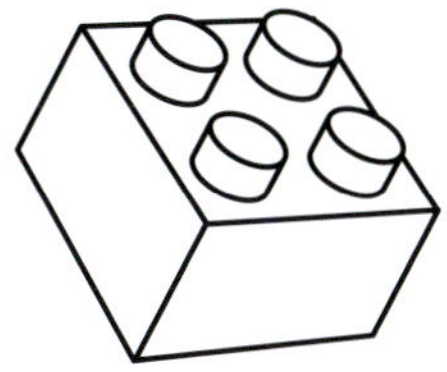

3 Pustet die Luftballons auf, presst das Mundstück zusammen, stellt die Autos schnell auf den Boden und lasst die Ballons los. Das Auto, das am weitesten fährt, gewinnt!

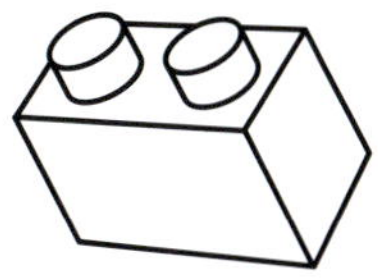

Was steckt dahinter?

Damit Autos schnell fahren, sind starke Kräfte im Spiel. Der Antrieb für dein Ballonauto kommt von der Freisetzung der Luft, die aus dem Ballon ausströmt und das Auto nach vorne schiebt. Bei einem echten Auto wird die Kraft, die das Auto vorantreibt, durch den Motor erzeugt, der die Räder in Bewegung versetzt. In unserem Fall fungiert der Ballon, aus dem die Luft entweicht, als Motor; die Art der Kraftanwendung ist ähnlich.

IM ECHTEN LEBEN

Die schnellsten Autos, die je gebaut wurden, haben einen Raketenantrieb. Statt eines Luftstrahls dient ein Gasstrahl infolge von explosiven chemischen Reaktionen zur Schuberzeugung. 1997 stellte Andy Green in seinem Thrust SSC mit über 1.220 km/h den Weltrekord für die höchste Geschwindigkeit eines Landfahrzeugs auf.

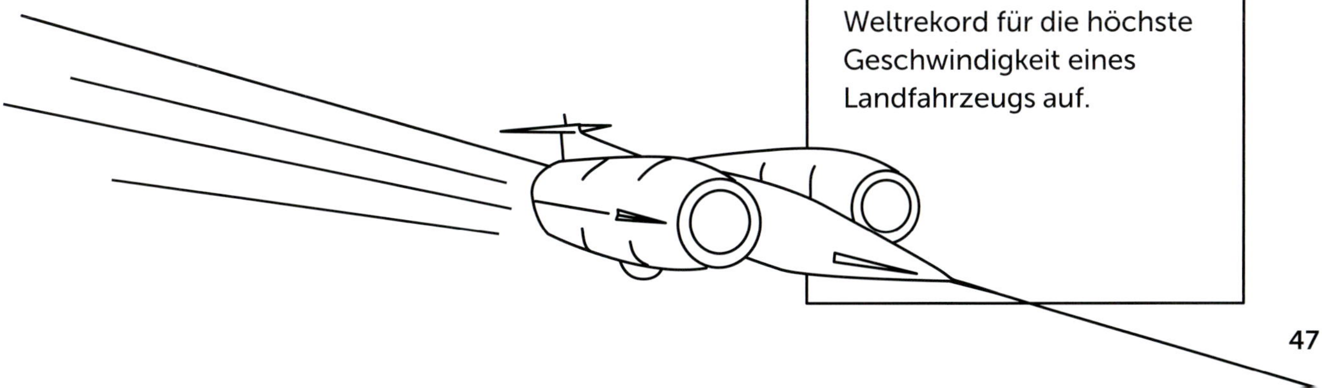

EISKLEBER

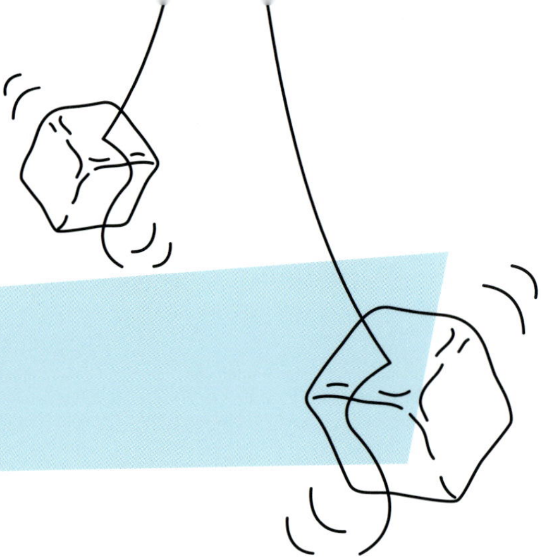

Hebe einen Eiswürfel in die Luft mit nichts weiter als einem Faden und etwas Salz!

10 Minuten

Materialien

- ★ Eiswürfel
- ★ Teller
- ★ Bindfaden, 25 cm lang
- ★ Salz

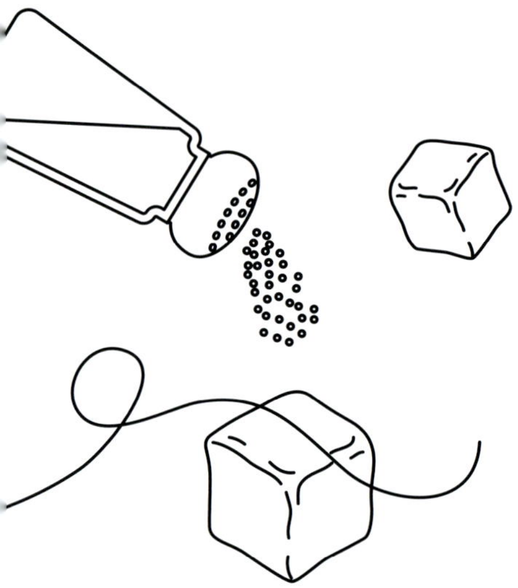

Methode

1 Lege einen Eiswürfel auf den Teller und lege ein Stück Bindfaden darüber.

2 Zähle bis 20 und beobachte, was passiert, wenn du den Faden anhebst.

3 Lege den Faden wieder auf den Eiswürfel.

4 Streue eine Prise Salz über die Stelle, wo der Bindfaden die Oberseite des Eiswürfels berührt.

5 Zähle noch einmal bis 20, dann hebe den Faden an.

Was steckt dahinter?

Das Salz senkt den Gefrierpunkt des Eises auf der Oberfläche leicht ab und bringt es zum Schmelzen. Das Schmelzwasser und das Salz vermischen sich zu Salzwasser, das zum Teil vom Faden aufgesaugt wird. Die Kälte des restlichen Eiswürfels bringt das Wasser wieder zum Gefrieren, sodass der Faden am Eis haftet.

IM ECHTEN LEBEN

An Orten, wo es kalt genug für Schnee und Eis ist, wird oft Salz auf Straßen, Einfahrten und Gehwege gestreut. Es bringt Eis und Schnee zum Schmelzen, sodass die Wege leichter freigeräumt und Unfälle durch Glätte vermieden werden können.

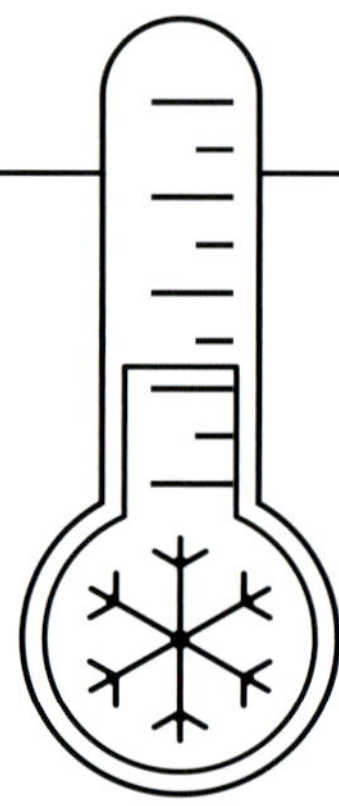

Forsche weiter!

Funktioniert das Experiment, wenn du das Salz gegen etwas anderes austauschst? Probiere Zucker, Mehl oder Kakaopulver.

Was passiert, wenn du größere Eiswürfel nimmst? Ist das wieder gefrorene Eis stark genug, um den Faden festzuhalten?

EIERSCHALENKRISTALL

Die Bildung von Kristallen kann Milliarden Jahre dauern, aber du kannst in wenigen Tagen deine eigenen Kristalle züchten.

Vorsicht
Lass dir beim Säubern der Eierschale mit dem heißen Wasser und beim Bedienen der Mikrowelle helfen.

15 Minuten für die Vorbereitung
Etwa 3 Stunden Trockenzeit
3–4 Tage für die Beobachtung

Materialien

- ★ 3 rohe Eier
- ★ Schüssel
- ★ heißes Wasser
- ★ Küchenkrepp
- ★ Pinsel
- ★ Weißleim
- ★ Alaunpulver, ca. 200 g
- ★ kochendes Wasser, 3/4 Liter
- ★ großer, hitzefester Behälter, der mindestens 3/4 l Wasser fasst
- ★ 3 Gläser, in die jeweils ein Ei passt
- ★ Holzspieß oder -löffel
- ★ Mikrowellengerät
- ★ Lebensmittelfarbe

Methode

1 Schlage die Eier möglichst nahe am spitzen Ende auf und sammele den Inhalt in einer Schüssel. Für dieses Experiment brauchst du nur die Schalen; der Rest kommt in den Kühlschrank zum späteren Verzehr.

2 Reinige die Innenseite der Schalen vorsichtig mit heißem Wasser und entferne alle Eiweißreste.

3 Tupfe die Schalen mit Küchenkrepp trocken.

4 Bestreiche die Innenseiten der Schalen mit Leim und streue Alaunpulver darüber. Überschüssiges Pulver sanft abklopfen und mehrere Stunden trocknen lassen.

Schritt 4

Lege die Eierschalen auf ein Tablett, um Flecken zu vermeiden.

Tipp

Stelle die Schüssel mit dem Inhalt der Eier in den Kühlschrank und bereite im Laufe des Tages ein leckeres Gericht daraus zu.

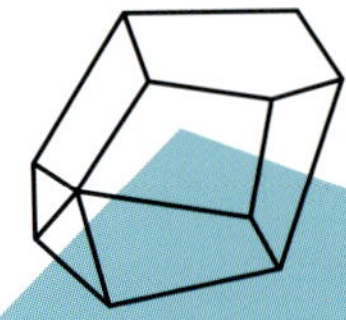

5 Gieße mithilfe einer erwachsenen Person 1/2 Liter kochendes Wasser in den hitzefesten Behälter.

6 Rühre die Hälfte des Alaunpulvers unter, bis es sich aufgelöst hat. Rühre weiter Alaun unter, bis es sich nicht mehr auflöst. Erhitze das abgekühlte Wasser ein paar Sekunden in der Mikrowelle, um danach weiter Alaun in der Flüssigkeit aufzulösen.

7 Teile die Mischung auf 3 Gläser auf, gib in jedes Glas 10–15 Tropfen Lebensmittelfarbe und rühre um. Abkühlen lassen.

8 Lege in jedes Glas eine Eierschale mit der Öffnung nach oben und drücke sie mit dem Holzspieß bzw. Holzlöffel nach unten.

9 Lass die Schalen ein paar Tage stehen. Nimm sie dann vorsichtig mit einem Löffel heraus und lass sie auf einem Papiertuch trocknen.

Forsche weiter!

Kannst du auch mit Zucker, Backnatron oder Weinstein Kristalle züchten? Sehen die Kristalle genauso aus wie jene, die in der Alaun-Lösung gewachsen sind?

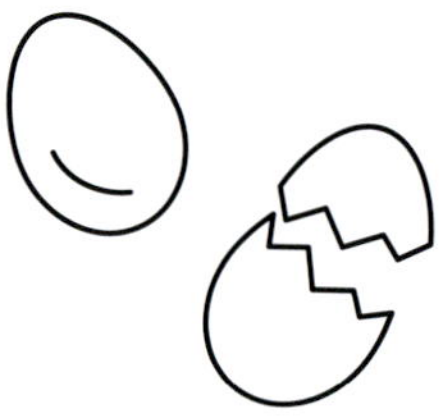

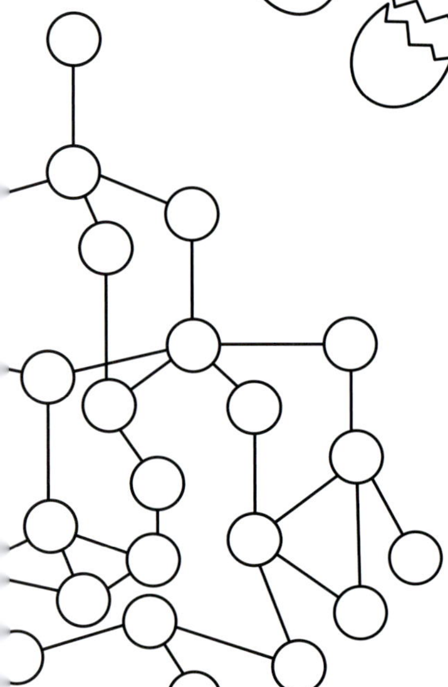

Was steckt dahinter?

Durch das Erhitzen rücken die **Moleküle** des Wassers etwas weiter auseinander. Die gelösten Alaunkristalle besetzen die Lücken, bis alles ausgefüllt ist. Kühlt das Wasser ab, verliert es Energie; die Moleküle rücken wieder enger zusammen und drängen das Alaun aus der Lösung. Es sinkt zu Boden und kristallisiert aus. Das an den Schalen haftende Alaun bietet den Kristallen Halt, sodass diese dort weiter wachsen können (Kristallkeim).

IN DER NATUR

Kristalle sind Festkörper, deren Moleküle in sich wiederholenden Mustern angeordnet sind, die gerade Kanten bilden, z. B. Salz-, Diamant-, Saphir- und Eiskristalle. Natürliche Geoden bilden sich, wenn mit Mineralien **gesättigtes** Wasser in Risse oder luftgefüllte Hohlräume im Gestein tropft.

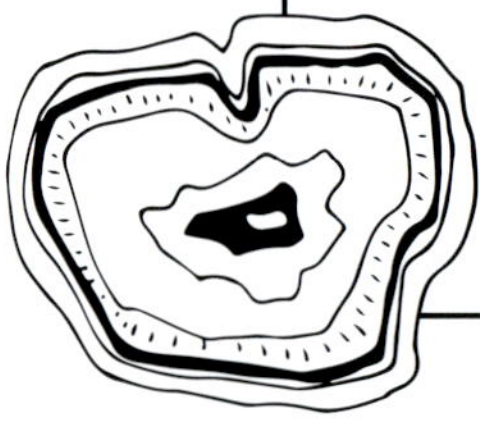

WANDELBARER SCHLEIM

Feststoff oder Flüssigkeit? Diese faszinierende Pampe verhält sich immer anders, als du es erwarten würdest!

Arbeite auf einem Tablett, um Spritzer aufzufangen.

5 Minuten für die Herstellung

30 Minuten zum Spielen!

Materialien

- ★ große Rührschüssel
- ★ Löffel
- ★ Wasser, 1/4 Liter
- ★ Speisestärke, 200 g
- ★ Lebensmittelfarbe (wenn gewünscht)
- ★ Tablett

Methode

1. Stelle die Schüssel auf das Tablett und gieße das Wasser in die Schüssel.
2. Rühre die Hälfte der Speisestärke unter.
3. Mische mit der Hand langsam mehr Stärke unter, bis eine dickflüssige, schleimige Masse entsteht.
4. Wenn gewünscht, Lebensmittelfarbe hinzugeben.
5. Spiele mit dem Schleim! Halte ihn in der Hand, drücke, quetsche ihn ... wie verhält er sich?

Was steckt dahinter?

Diese Pampe ist ein Beispiel für eine sogenannte nicht-newtonsche Flüssigkeit. Das bedeutet, ihre **Viskosität** verändert sich, je nachdem, welche Kräfte auf sie wirken. Bewegst du sie langsam, verhält sie sich wie eine Flüssigkeit. Sobald du aber mehr Kraft ausübst (draufhauen, in die Schüssel schleudern usw.), verhält sie sich wie ein Festkörper, denn die Stärketeilchen werden dadurch eng zusammengedrückt und die zwischen ihnen befindlichen Wassermoleküle werden eingeschlossen.

Forsche weiter!

Gib etwas mehr Wasser oder Stärke zu deinem Schleim. Verhält er sich danach genauso oder verliert er seine merkwürdigen Eigenschaften?

Tipp

Wenn du fertig bist, spüle den Schleim nicht den Abfluss hinunter, sondern wirf ihn in den Müll.

IN DER NATUR

Nicht-newtonsche Flüssigkeiten gibt es viele, darunter Ketchup, Honig, Zahncreme, Senf, Blut und Farbe. Sie alle verhalten sich wie Schleim, allerdings werden manche unter Krafteinwirkung flüssiger. Deswegen sollte man die Ketchupflasche vor Gebrauch schütteln.

FLÜSSIGE SCHICHTEN

Flüssigkeiten vermischen sich zu einer trüben Brühe, wenn du mehrere zusammenkippst? Nicht, wenn die **Dichte** eine Rolle spielt . . .

Lege ein Tablett unter, um Flecken zu vermeiden.

15 Minuten

Materialien

- ★ Lebensmittelfarbe
- ★ Wasser, 30 ml
- ★ kleine Schüssel
- ★ großes, durchsichtiges Glasgefäß
- ★ Honig, 30 ml
- ★ Spülmittel, 30 ml
- ★ Pflanzenöl, 30 ml
- ★ Büroklammer (Metall)
- ★ Plastikknopf

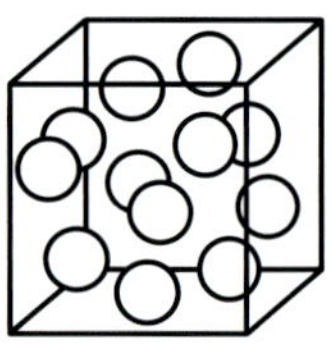

Methode

1 Verrühre in einem kleinen Schüsselchen 30 ml Wasser mit etwas Lebensmittelfarbe.

2 Gieße die Flüssigkeiten nacheinander so langsam wie möglich in das große Glasgefäß: Zuerst den Honig, dann das Spülmittel, das farbige Wasser und zuletzt das Pflanzenöl.

3 Beobachte, wie sich die Flüssigkeiten langsam absetzen.

4 Lass vorsichtig die Büroklammer bzw. den Knopf in das Glas gleiten. Auf welcher Schicht schwimmen sie?

Was steckt dahinter?

Die Trennung der Schichten wird durch die Dichte verursacht. Die Dichte ist ein Maß dafür, wie viel Masse ein bestimmtes Volumen hat, d. h. wie eng die Moleküle in einem bestimmten Raum zusammenstehen. Je enger sie beieinander sind, desto dichter und schwerer ist der Stoff. Flüssigkeiten und Objekte mit geringerer Dichte schwimmen auf Substanzen mit höherer Dichte.

IM ECHTEN LEBEN

U-Boote steuern, wie tief sie tauchen, indem sie ihre Dichte verändern. Will das U-Boot auftauchen, ersetzt es Wasser in seinen Tanks durch Luft, die eine geringere Dichte als Wasser hat. Weil die Dichte des luftgefüllten U-Bootes dadurch geringer ist als die des umgebenden Meereswassers, beginnt das U-Boot aufzusteigen.

Forsche weiter!

Ist es wichtig, in welcher Reihenfolge du die Flüssigkeiten in das Glas füllst? Gib dieses Mal zuerst das Öl hinein, dann die beiden anderen Flüssigkeiten (siehe Schritt 2) und lass die Mischung eine Stunde stehen. Was meinst du: Wird das Öl unten bleiben, nach oben steigen oder sich mit den anderen mischen?

Was würde passieren, wenn du Wasser nimmst, in dem du vorher 2 EL Zucker aufgelöst hast?

ZITRONENVULKAN

Du findest chemische Reaktionen langweilig? Dann probiere diesen zischenden, nach Zitrone duftenden Vulkan aus!

Vorsicht
Eine erwachsene Person soll dir beim Schneiden der Zitrone helfen.

10 Minuten

Materialien

- ★ 1 Zitrone
- ★ Messer
- ★ Schüssel
- ★ Esslöffel
- ★ Lebensmittelfarbe
- ★ Backnatron, 2 Teelöffel

Methode

1. Halbiere eine Zitrone (bitte eine erwachsene Person um Hilfe) und lege eine Hälfte mit der Schnittfläche nach oben in die Schüssel (für einen besseren Stand eventuell die Spitze abschneiden).
2. Stochere mit dem Löffelstiel in der Zitrone herum. Pass auf, dass dir kein Zitronensaft ins Auge spritzt!
3. Tröpfele etwas Lebensmittelfarbe auf die Zitrone.
4. Streue zwei Teelöffel Backnatron über die Zitrone, presse es mit einem Löffel in die Segmente und beobachte, was passiert!

Schritt 4

Lege auch hier ein Tablett unter, um Flecken zu vermeiden.

Tipp

Du kannst eine Schwimmbrille tragen, um deine Augen vor Zitronen-saftspritzern zu schützen.

Was steckt dahinter?

Zitronensaft enthält sehr viel Zitronensäure. Wenn diese **Säure** mit dem Backnatron (Natriumbicarbonat, eine **Base**) in Kontakt kommt, findet eine **chemische Reaktion** statt. **Atome** werden ausgetauscht, und es bilden sich neue Substanzen. Durch die Reaktion entstehen **Kohlenstoffdioxid** (CO_2), Wasser und ein Salz namens Natriumzitrat. Das gasförmige CO_2 sorgt dafür, dass es blubbert und zischt.

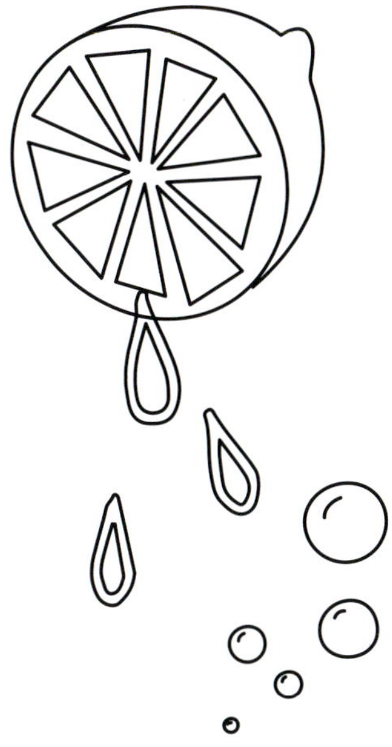

Forsche weiter!

Was passiert, wenn du etwas Spülmittel auf die Zitrone gießt, bevor du Backnatron darüberstreust?

Presse die andere Zitronenhälfte aus, fange den Saft in einem Behälter auf und gieße ihn über den Zitronenvulkan.

IM ECHTEN LEBEN

Wenn du Backnatron zum Kuchenbacken verwendest, reagiert es mit säurehaltigen Zutaten wie Zitronensaft, Joghurt, Buttermilch, braunem Zucker oder Apfelmus. Durch die Reaktion entsteht Kohlenstoffdioxid. Dieses Gas sorgt dafür, dass der Kuchen im Ofen aufgeht und locker und luftig wird.

RIESENGUMMIBÄRCHEN

Erlebe **Osmose** in Aktion, wenn deine Gummibärchen größer und größer werden. Der einzige Nachteil: Danach kannst du sie nicht mehr essen.

Vorsicht
Die Gummibärchen aus dem Experiment solltest du nicht essen!

5 Minuten für die Vorbereitung
Über Nacht stehen lassen.

Materialien

- ★ 2 kleine Schüsseln
- ★ Wasser
- ★ Salz, 2 Esslöffel
- ★ Gummibärchen (oder andere Gummibonbons)

Methode

1 Gieße in jede Schüssel eine Tasse Wasser. Löse das gesamte Salz in einer Schüssel auf, sodass eine Schüssel normales Wasser und eine Salzwasser enthält.

2 Lege in jede Schüssel 1–2 Gummibärchen. Lege ein weiteres Gummibärchen daneben, das trocken bleibt – das ist der „Kontroll-Bär".

3 Lass die Gummibärchen über Nacht stehen und vergleiche sie dann mit dem Kontroll-Bären.

Was steckt dahinter?

Gewöhnliches Wasser enthält nur Wassermoleküle, aber in Gummibärchen finden sich außer Wasser Zutaten wie Gelatine und Zucker. Da im Gummibärchen mehr Moleküle „anderer Substanzen" als im Wasser sind, wandert Wasser *ins* Gummibärchen *hinein*, um den Anteil anderer Moleküle auszugleichen, wodurch der Bär größer wird. Wenn du so viel Salz ins Wasser rührst, dass mehr „andere" Moleküle *außerhalb* des Gummibärchens sind, wandert Wasser *aus* der Süßigkeit *heraus*, um ein Gleichgewicht zu erreichen, wodurch der Bär schrumpft. Die Bewegung des Wassers, um die Moleküle auszugleichen, heißt **Osmose** (s. Abb. links).

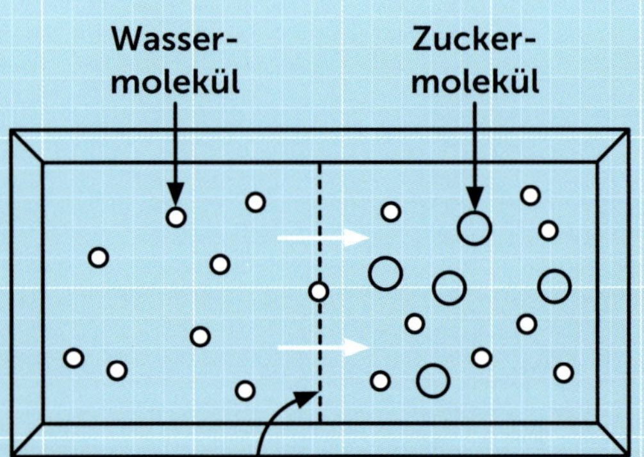

Semipermeable Membran: eine sehr dünne Materialschicht, wie z. B. die Außenhülle eines Gummibärchens, die für bestimmte Moleküle durchlässig ist.

Forsche weiter!

Lege Gummibärchen in unterschiedliche Lösungen wie Zuckerwasser, Essig oder Mineralwasser.

Was passiert, wenn die Gummibärchen länger als eine Nacht in der Flüssigkeit liegen?

GARANTIERT DICHT!

Was geschieht, wenn du spitze Stifte durch einen mit Wasser gefüllten Beutel bohrst? Möglicherweise nicht das, was du erwartest!

Vorsicht
Bitte eine erwachsene Person, den Beutel mit Wasser zu befüllen.

10 Minuten

Materialien

- ★ Wasser
- ★ großer Zip-Beutel
- ★ mehrere sehr spitze, lange Blei- oder Buntstifte

Methode

1 Fülle den Beutel zu zwei Dritteln mit Wasser. Ziehe den Zipper fast ganz zu und drücke so viel Luft wie möglich heraus. Dann verschließe den Beutel.

2 Halte mit einer Hand das obere Ende des Beutels, nimm einen Stift und bohre ihn vorsichtig quer durch den wassergefüllten Beutel, sodass er noch auf beiden Seiten herausschaut.

3 Wiederhole dies mit den anderen Stiften.

Schritt 2

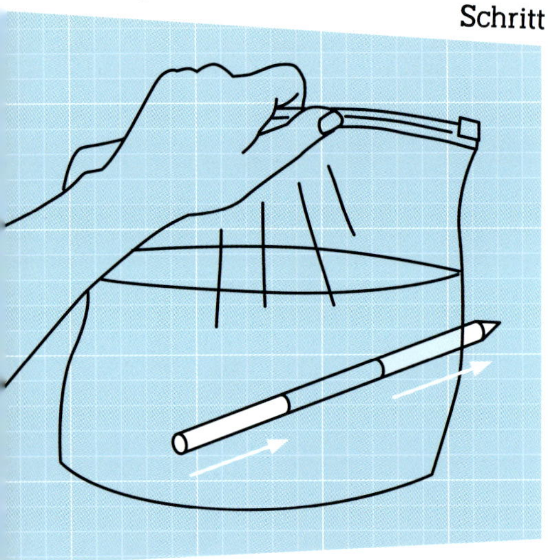

Was steckt dahinter?

Der Plastikbeutel besteht aus **Polymeren**, das sind lange, sehr biegsame Molekülketten. Wenn die Bleistiftspitze sich durch das Plastik bohrt, drückt sie sich zwischen zwei Polymerketten hindurch, die gerade so weit auseinandergeschoben werden, dass der Stift durchpasst. Dann verschließen die Ketten die kleine Öffnung rund um den Stift, sodass kein Wasser austreten kann. Wenn du den Stift aus dem Beutel herausziehst, bleibt das Loch aber bestehen und es wird Wasser herausfließen, denn die Polymerketten wurden zu weit auseinandergedrückt, als dass sie eine so große Lücke abdichten könnten.

IM ECHTEN LEBEN

Manche Polymere wie Baumwolle und Seide sind natürlichen Ursprungs, aber die meisten wurden von Wissenschaftler*innen entwickelt. Wir verwenden jeden Tag Dinge, die aus Polymeren bestehen, von der Plastikzahnbürste bis zu Kleidungsstücken aus Nylon oder Viskose.

Forsche weiter!

Experimentiere mit verschieden geformten Stiften. Was können die Polymerketten wohl besser abdichten: runde oder eckige Stifte?

Was passiert, wenn der Stift nicht spitz ist oder wenn du etwas Dickeres, z. B. einen Buntstift mit dickem Schaft, nimmst?

Wiederhole das Experiment mit unterschiedlich dicken Plastikbeuteln.

Bleibe über dem Waschbecken, falls doch etwas ausläuft.

REGENBOGENWUNDER

Erschaffe einen Regenbogen mithilfe der verblüffenden Fähigkeit des Wassers, der **Gravitation** zu trotzen.

Lege ein Tablett unter, um Flecken zu vermeiden.

10 Minuten für die Vorbereitung

Über Nacht stehen lassen

Materialien

- ★ 6 kleine Schraubgläser
- ★ Wasser
- ★ Lebensmittelfarbe (rot, gelb und blau)
- ★ 6 Papierhandtücher

Methode

1. Fülle 3 der Gläser mit Wasser und gib jeweils fünf Tropfen einer Lebensmittelfarbe hinein.
2. Stelle alle 6 Gläser kreisförmig auf, sodass zwischen zwei gefüllten Gläsern immer ein leeres steht.
3. Falte 6 Papierhandtücher der Länge nach in der Mitte und dann noch einmal zu schmalen Streifen.
4. Stecke nun reihum immer ein Ende eines solchen Papierstreifens in ein gefülltes Glas und das andere Ende in ein leeres (vielleicht musst du sie ein wenig kürzen, damit sie nicht zu hoch aufragen).
5. Beobachte, was passiert, sobald du die Streifen ins Wasser gehängt hast. Lass die Gläser samt Papierstreifen über Nacht stehen und schau am nächsten Morgen nach, was geschehen ist.

Schritt 2

Was steckt dahinter?

Dass das gefärbte Wasser in den Papierstreifen aufsteigt, liegt an der sogenannten Kapillarität: Die Fasern, aus denen die Papiertücher bestehen, beinhalten Hohlräume, und das Wasser kann sich durch diese winzigen Räume hindurchquetschen – sogar entgegen der Schwerkraft! Die Anziehungs**kräfte** zwischen den Fasern und den Wassermolekülen sind so groß, dass das Wasser nach oben steigt.

IN DER NATUR

Die Fähigkeit des Wassers, sich entgegen der Erdanziehungskraft durch schmale Räume zu bewegen, ist lebenswichtig für Pflanzen. Dank des Kapillareffekts wandert Wasser durch enge Röhren den Stamm hinauf bis zu den Blättern und Blüten der höchsten Baumkronen.

Forsche weiter!

Was geschieht, wenn du längere Papierstreifen benutzt oder weniger Wasser in die drei Gläser füllst? Wie lange braucht das Wasser, um durch das Papier zu wandern? Miss die Zeit!

Was passiert, wenn du Zeitungs- oder Bastelpapier anstelle von Küchenkrepp verwendest? Schreibe die Ergebnisse in dein Protokollheft!

WENDEPFEIL

Diese einfache optische Täuschung offenbart einige spannende Fakten über das Licht.

Arbeite über einem Tablett, um Flecken zu vermeiden.

10 Minuten

Materialien

- ★ weißes Papier
- ★ Filzstift
- ★ Lineal
- ★ hohes, durchsichtiges Trinkglas
- ★ Krug mit Wasser, um das Glas zu füllen

Schritt 1

Methode

1 Zeichne zwei dicke Pfeile auf das Papier – übereinander, beide zeigen in dieselbe Richtung – und lehne das Papier gegen einen Gegenstand, sodass es aufrecht steht und die Pfeile nach links zeigen.

2 Lege das Lineal an und stelle das leere Glas ca. 15 cm entfernt so vor das Papier, dass du den unteren Pfeil durch das Glas sehen kannst.

3 Fülle das Glas langsam mit Wasser und beobachte, was mit dem unteren Pfeil passiert.

Was steckt dahinter?

Wenn ein Lichtstrahl Materialien mit unterschiedlicher Dichte durchläuft, wird er abgelenkt und **gebrochen**. Das Wasserglas wirkt wie ein Vergrößerungsglas. Es lenkt alles Licht nach innen zum Zentrum, dem sogenannten Brennpunkt. Durch die Richtungsänderung der Lichtstrahlen, die den Brennpunkt durchlaufen, entsteht der Eindruck, der Pfeil zeige in die andere Richtung.

IM ECHTEN LEBEN

Deine Augen funktionieren ähnlich wie das Glas in diesem Experiment. Licht von oben trifft auf den unteren Bereich der Innenwand des Augapfels, Licht von unten auf den oberen Teil. Dein Auge erzeugt also ein umgekehrtes Bild, das von deinem Gehirn aber sofort umgedreht wird, damit du die Welt begreifen kannst.

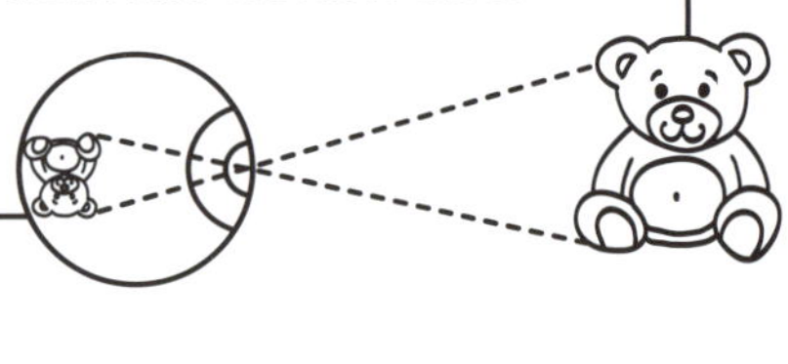

Tipp

Wenn es nicht zu funktionieren scheint, ändere den Abstand zwischen Papier und Glas.

Forsche weiter!

Was passiert, wenn du ein anders geformtes Glas verwendest? Oder eine andere klare Flüssigkeit nimmst, z. B. Apfelsaft?

Zeichne verschiedene Objekte auf und probiere aus, wie sie aussehen, wenn du das Glas ganz oder zur Hälfte füllst.

GLÄSERNES XYLOPHON

In allen Liedern, die du gerne singst, steckt Naturwissenschaft. Spiele ihre Melodien auf einem selbstgebauten Instrument!

Verwende ein großes Tablett oder Tuch, um Flecken zu vermeiden.

10–15 Minuten

Materialien

- ★ mindestens 6 große Trinkgläser (gleiche Größe, gleiche Form)
- ★ Wasser
- ★ Lebensmittelfarbe (wenn gewünscht)
- ★ Metalllöffel

Methode

1. Stelle die Gläser in einer Reihe auf.
2. Orientiere dich an dem Foto oben: Befülle die Gläser mit unterschiedlich viel Wasser, sodass im ersten Glas nur ein kleines bisschen und das letzte fast voll ist.
3. Wenn du möchtest, kannst du in jedes Glas ein paar Tropfen Lebensmittelfarbe geben.
4. Schlage mit dem Löffel sanft an das fast leere Glas, dann nacheinander an die anderen Gläser. Achte dabei auf den Klang der Gläser. Was hörst du?

Forsche weiter!

Kannst du eine einfache Melodie oder dein Lieblingslied auf deinem Gläserxylophon spielen? Wahrscheinlich musst du die Wassermengen ändern, bis die Töne stimmen.

Wie verändert sich der Klang, wenn du das Glas mit einem Löffel aus Plastik oder Holz anschlägst? Notiere alle Unterschiede in deinem Protokollheft.

Was steckt dahinter?

Klang entsteht durch Schwingungen, und er braucht ein Medium, das ihn transportiert. Wenn du ein Glas anschlägst, setzt du eine Schwingung in Gang, die durch das Glas wandert, durch das Wasser, dann durch die Luft zu deinen Ohren. Je mehr Wasser im Glas ist, desto mehr Material muss die Schwingung durchwandern. Dadurch wird sie größer, und das erzeugt einen tieferen Ton in deinen Ohren.

IM ECHTEN LEBEN

Stell dir ein Saiteninstrument vor, z. B. eine Gitarre. Die Saiten sind verschieden dick, deswegen klingen sie unterschiedlich. Die dickeren haben mehr Masse, die schwingen kann, deswegen erzeugen sie tiefere Töne als die dünneren Saiten, genau wie die volleren Gläser deines Xylophons.

PFIFFIGES SPIONAGE-PERISKOP

Träumst du davon, ein Spion oder eine Spionin zu sein? Mit diesem Trick kannst du heimlich um die Ecke schauen!

Vorsicht
Bitte beim Ausschneiden der Fenster eine erwachsene Person um Hilfe.

1 Stunde

Materialien

- ★ rechteckiger Pappkarton, ca. 40 cm lang
- ★ Schere oder Cutter
- ★ Lineal
- ★ Bleistift
- ★ 2 kleine, flache Spiegel, am besten quadratisch
- ★ ablösbare Klebepads

Methode

1 Entscheide, welche Seite des Kartons oben ist, und schneide sie komplett heraus.

2 Die offene Seite ist oben. Zeichne auf der rechten Seite an dem Ende, das zu dir zeigt, ein rechtwinkliges Fenster auf. Dann schneide das Fenster mit der Schere oder dem Cutter aus (lass dir helfen!).

3 Zeichne ein zweites Fenster auf der linken Seite auf, aber an dem Ende, das von dir weg zeigt, und schneide es aus.

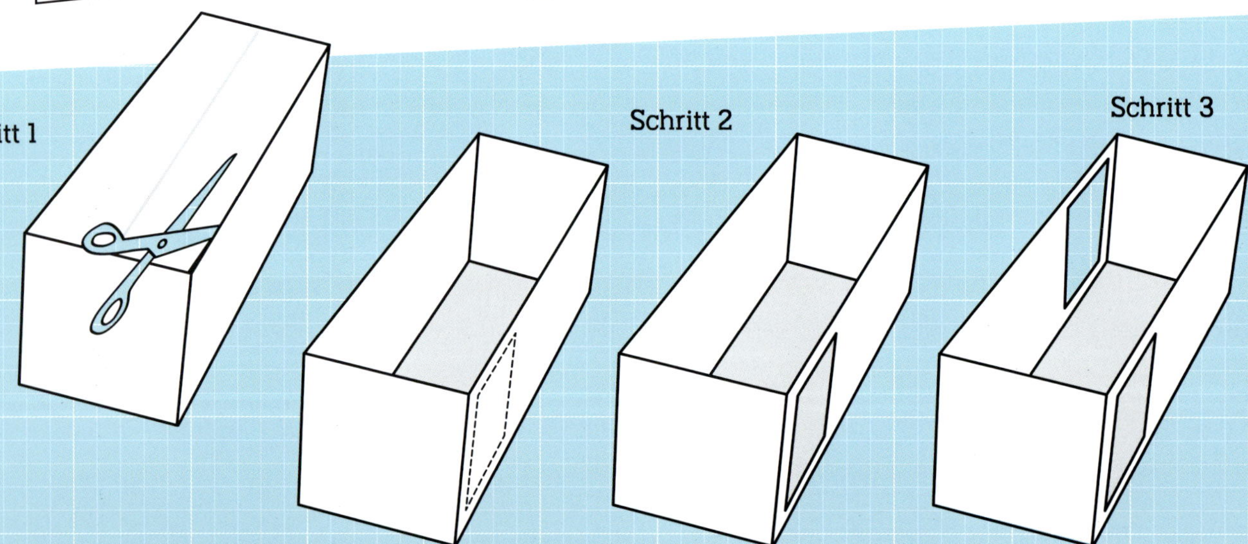

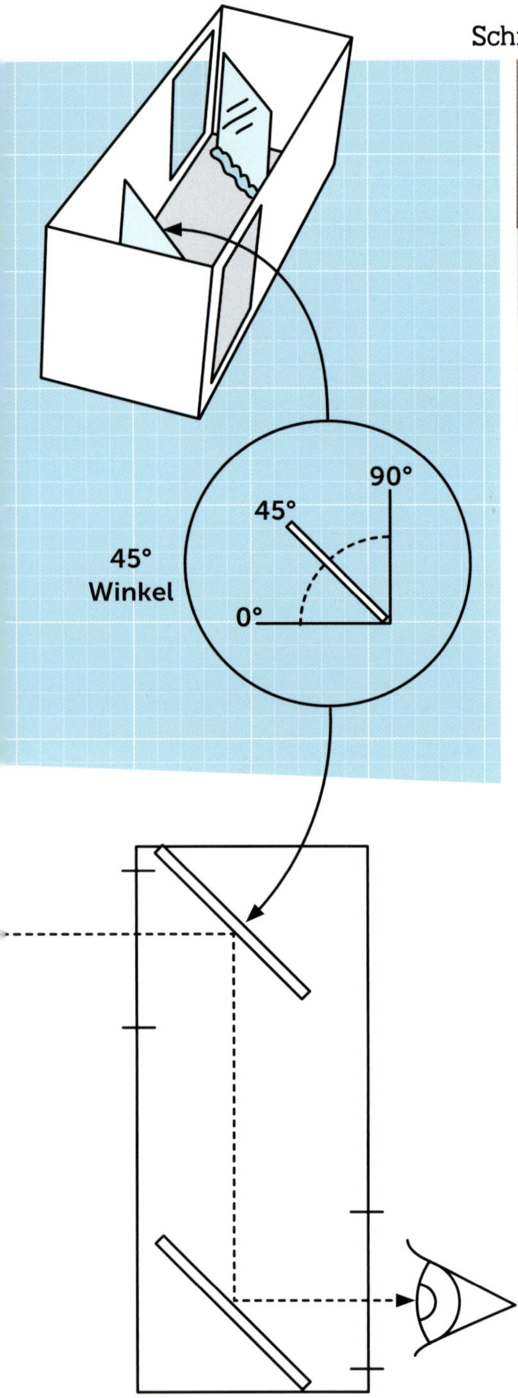

Schritt 4

Schritt 5

4 Stelle den Karton mit der offenen Seite nach oben hin. Befestige mithilfe der Klebepads die Spiegel am Boden des Kartons, jeden in einem 45-Grad-Winkel vor einem Fenster.

5 Prüfe, ob die Spiegel korrekt ausgerichtet sind: Wenn du in gerader Linie in eines der ausgeschnittenen Fenster schaust, sollte das andere Ende des Kartons klar zu sehen sein. Korrigiere eventuell die Position der Spiegel.

6 Verschließe den Karton, indem du den abgeschnittenen Deckel mit Klebeband befestigst. Jetzt teste dein Periskop: Schau um die Ecke!

Was steckt dahinter?

Lichtstrahlen breiten sich immer geradlinig aus. Wenn sie auf eine glatte, glänzende Fläche treffen, werden sie im gleichen Winkel zurückgeworfen, in dem sie auf die Fläche auftreffen. Deswegen kannst du deinem Spiegelbild in die Augen blicken, auch wenn du am Rande des Spiegels stehst. In deinem Periskop trifft das Licht den oberen Spiegel in einem 45°-Winkel, wird reflektiert, trifft auf den zweiten Spiegel, wird erneut im gleichen Winkel reflektiert und erreicht dein Auge.

IM ECHTEN LEBEN

U-Boote brauchen Periskope, um zu sehen, was über Wasser passiert, wenn sie tauchen. Diese Periskope sind viel länger und schwerer als das hier gebastelte, funktionieren aber nach genau dem gleichen Prinzip.

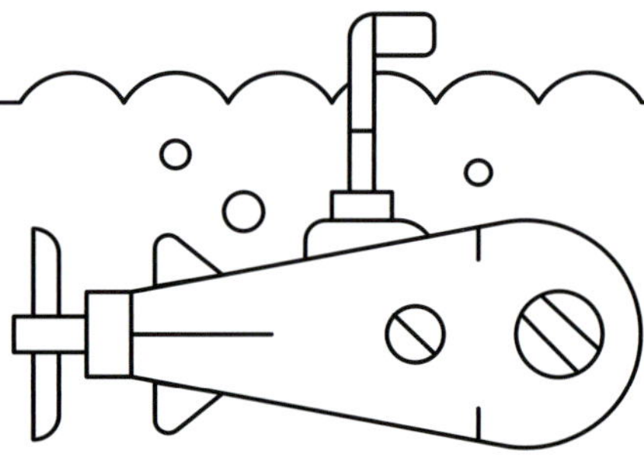

Forsche weiter!

Ändert sich die Sicht durch dein Periskop, wenn du den Karton in der Mitte verlängerst?

Was passiert, wenn die Spiegel nicht in einem 45-Grad-Winkel stehen?

VERFREMDE DEINE STIMME!

Aus Pappröhre, Papier und Gummiband kannst du ein Kazoo basteln und deine Stimme so fremd klingen lassen, als wärst du ein Alien.

10 Minuten

Materialien

- ★ Wachspapier, um die Röhre auf einer Seite zu verschließen
- ★ Schere
- ★ leere Klopapierrolle
- ★ 2 Gummibänder
- ★ spitze Bleistifte
- ★ Lineal

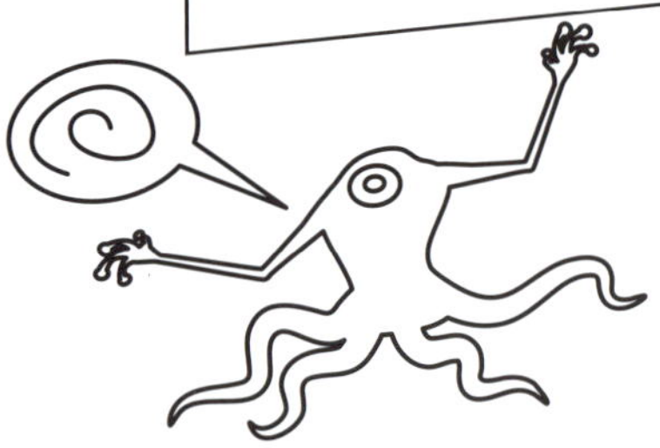

Methode

1 Schneide ein Stück Wachspapier aus, das groß genug ist, um ein Ende der Pappröhre abzudecken.

2 Befestige das Wachspapier mit den Gummibändern, sodass das Papier gespannt ist und eng anliegt.

3 Bohre mit dem Stift vorsichtig ein kleines Loch seitlich in die Röhre, ca. 2,5 cm vom Gummiband entfernt.

4 Halte das offene Ende der Röhre an deinen Mund und summe hinein.

Was steckt dahinter?

Der Klang deiner Stimme setzt sich aus vielen verschiedenen Tönen zusammen. Diese Ober- oder Beitöne sind mit dafür verantwortlich, dass jede Stimme anders klingt. Wenn du in dein Kazoo summst, versetzt du das Wachspapier in Schwingung, und die Klangwellen werden verstärkt (lauter gemacht). Manche Beitöne werden mehr verstärkt als andere, deswegen verfremdet das Kazoo den Klang deiner Stimme.

IM ECHTEN LEBEN

Musikinstrumente klingen verschieden, weil sie Klangwellen auf unterschiedliche Art verstärken. Der Klang eines Instruments hängt von der Form und Größe, der Art, wie es gespielt wird, und sogar vom Raum ab, in dem es ertönt.

Forsche weiter!

Bastle noch ein Kazoo aus einer längeren oder kürzeren Röhre. Ändert sich der Klang?

Bohre weitere Löcher in die Pappröhre und halte sie teilweise mit den Fingern zu, wenn du ins Kazoo summst.

Funktioniert das Kazoo noch, wenn du statt des Wachspapiers ein Stück Küchenkrepp oder Zeitungspapier nimmst?

KLÄNGE SEHEN

Klang ist nicht nur etwas für die Ohren, wie du bei diesem Experiment mit eigenen Augen sehen wirst.

10 Minuten

Materialien

- ★ große Schüssel
- ★ Klarsichtfolie, die über die Schüssel gespannt werden kann
- ★ ungekochter Reis, ca. 1 Esslöffel
- ★ Metalllöffel
- ★ Pfanne, Topf oder Backblech

Methode

1. Spanne die Klarsichtfolie über die Öffnung der Schüssel; sie muss außen fest haften.
2. Streue die Reiskörner auf die Folie.
3. Halte den Topf (bzw. Blech, Pfanne) nah an die Schüssel und schlage mit dem Löffel fest dagegen.

Was steckt dahinter?

Klang breitet sich in Form von Wellen aus, die sich durch Luft und Flüssigkeiten fortsetzen und Festkörper in Schwingung versetzen. Wenn du mit dem Löffel an den Topf schlägst, beginnen die **Partikel** im Metall zu schwingen. Die Schwingung wandert in Form von Schallwellen durch die Luft. Ein Teil erreicht dein Ohr, sodass du den Klang hörst, andere Wellen erreichen die Schüssel und versetzen die Folie in Schwingung, was wiederum den Reis zum Tanzen bringt.

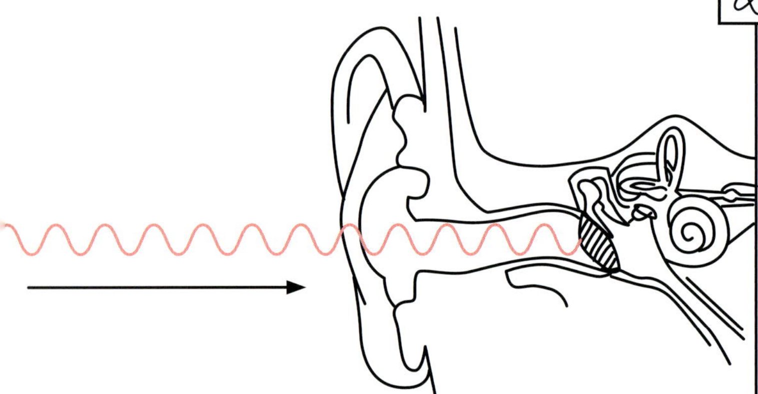

IM ECHTEN LEBEN

Dein Trommelfell im Ohr ist ein bisschen wie die gespannte Klarsichtfolie: eine dünne, bewegliche Haut, die schwingt, wenn Schallwellen auf sie treffen. Die Schwingungen versetzen winzige Knochen in Bewegung, die den Klang ins Innenohr weiterleiten, wo er in Signale umgewandelt und zum Gehirn geschickt wird.

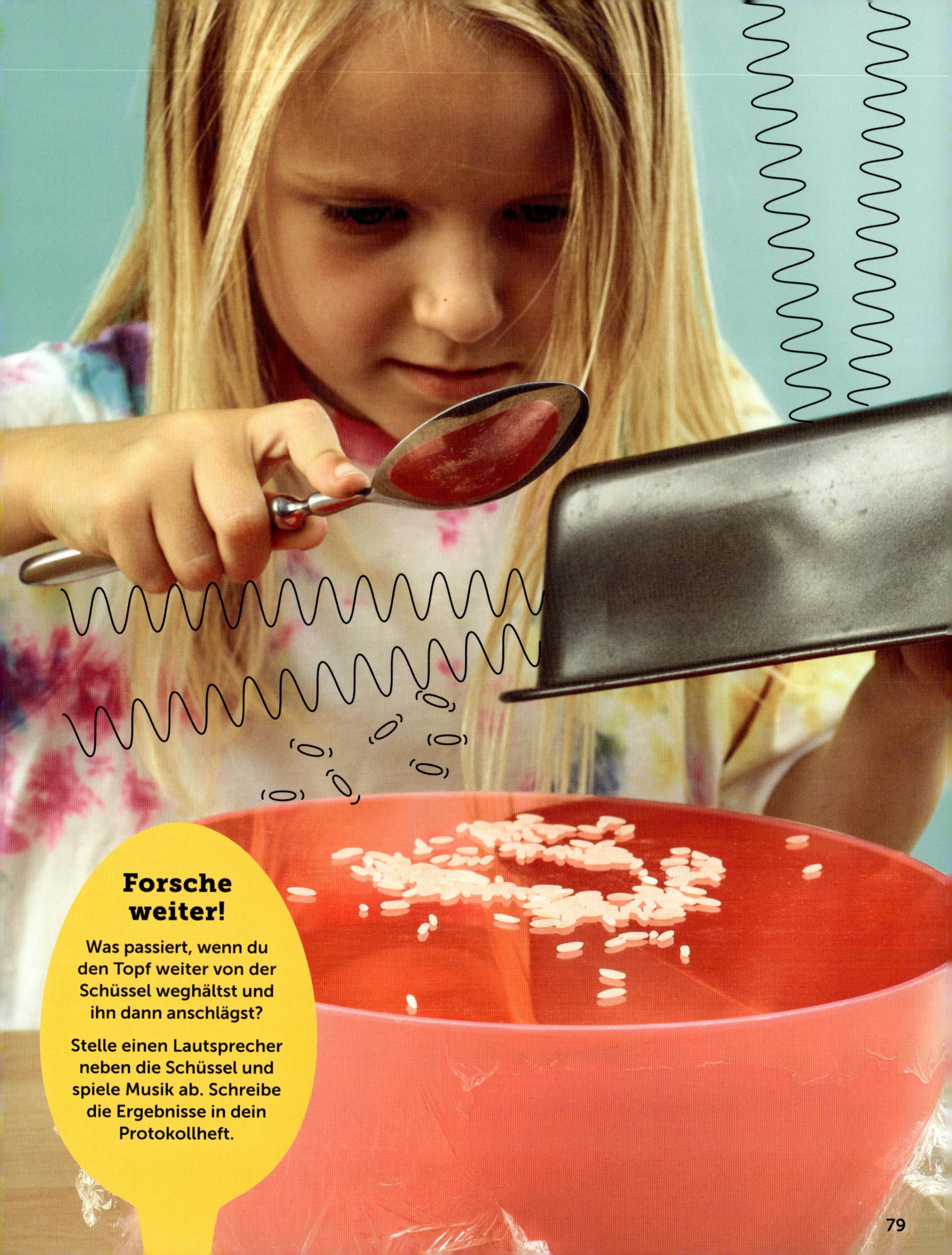

Forsche weiter!

Was passiert, wenn du den Topf weiter von der Schüssel weghältst und ihn dann anschlägst?

Stelle einen Lautsprecher neben die Schüssel und spiele Musik ab. Schreibe die Ergebnisse in dein Protokollheft.

BUNTER BLUMENSTRAUß

In einem farbigen Filzstift stecken mehr Farben, als du vielleicht glaubst, und du kannst mit ihnen diese schicken Papierblumen basteln – als Strauß das perfekte Geschenk!

30 Minuten

Materialien

- ★ Tablett oder alte Zeitungen
- ★ Filzstifte auf Wasserbasis (alle Farben außer rot, gelb und blau: Primärfarben spalten sich nicht auf)
- ★ Kaffeefilter, einen für jede Blüte
- ★ Wasser
- ★ Schraub- oder Trinkglas
- ★ Papiertücher zum Trocknen
- ★ Schere
- ★ Klebeband
- ★ grüne Papier-Trinkhalme, Bastelhölzer oder Pfeifenreiniger

Methode

1. Arbeite auf einem Tablett oder lege alte Zeitungen unter. Bemale mit den Filzstiften einen Kaffeefilter mittig rundum.
2. Befülle ein Glas ca. 3 cm hoch mit Wasser.
3. Falte den Kaffeefilter zu einem Kegel. Schiebe ihn mit der Spitze so weit ins Glas hinunter, dass er gerade das Wasser berührt. Der obere Rand des Filters muss an der Glaswand anliegen.
4. Sieh 2–5 Minuten lang zu, wie sich die Farben der Filzstifte voneinander trennen und sich ausbreiten.
5. Lege den Filter zum Trocknen auf den Küchenkrepp.
6. Schneide den Rand des Filters in ca. 1–1,5 cm Abstand ein, um Blütenblätter zu formen. Pass auf, dass die Schnitte nicht zu weit in die Mitte reichen!
7. Arrangiere die Streifen in Blumenform und befestige sie an einem Trinkhalm, Bastelholz oder Pfeifenreiniger. Stelle deine schön gefärbten Blumen in eine Vase (ohne Wasser!).

Was steckt dahinter?

Farbige Flüssigkeiten bestehen aus einer Mischung verschiedener Moleküle, die das Licht so reflektieren, dass es eine bestimmte Farbe ergibt, wenn es unsere Augen erreicht. Diese Moleküle bewegen sich unterschiedlich schnell durch das Papier, wenn Wasser hinzugegeben wird, denn die Moleküle sind unterschiedlich groß. Das können wir uns zunutze machen, um die verschiedenen Komponenten eines einzelnen farbigen Filzstiftes voneinander zu trennen. Diesen Vorgang nennt man Chromatografie.

Forsche weiter!

Funktioniert das Experiment auch, wenn du anderes Papier verwendest und es kreisförmig zuschneidest?

Probiere verschiedene Farben und Filzstift-Typen aus und beobachte, wie die Farben wandern.

Was passiert, wenn du ein paar Tropfen Lebensmittelfarbe in das Wasserglas gibst?

Lege ein Tablett oder alte Zeitungen unter die Filter, wenn du sie bemalst, denn manche Farben können durchgehen und Flecken verursachen.

SIMPLE SONNENUHR

Wie wussten die Menschen, wie spät es ist, bevor es Turm- oder Taschenuhren gab? Die Antwort steht am Himmel!

5 Minuten für die Vorbereitung

12 Stunden zum Beobachten und Vervollständigen

Materialien

★ großes Blatt Papier
★ 4 Kieselsteine
★ gerader Stock, Stab oder stumpfer Stift
★ Modelliermasse
★ Wand- oder Armbanduhr
★ Filzstift

Methode

1 Suche dir im Sommer früh morgens eine sonnige, ebene Stelle draußen, lege dort das Papier hin und beschwere die Ecken mit Kieselsteinen.

2 Fixiere den Stab oder Stift mithilfe der Modelliermasse in der Mitte des Papiers.

3 Überprüfe immer zur vollen Stunde die Uhrzeit deiner Sonnenuhr: Dort, wo der Schatten des Stabes auf das Blatt fällt, schreibst du die Zahl hin, auf die der Stundenzeiger deiner Armband- oder Wanduhr zeigt.

4 Sobald du 12 Stunden notiert hast, hast du eine funktionierende Uhr. Das Papier muss genau so liegenbleiben, sonst stimmen die Zeiten nicht mehr!

Was steckt dahinter?

Durch die Erddrehung scheint die Sonne über den Himmel zu wandern. Wenn die Sonne ihre Position ändert, ändert sich auch der Winkel des Schattens, den sie verursacht. Eine Sonnenuhr nutzt den Schatten, den der „Gnomon" (der Stab) auf einer ebenen Fläche wirft, um die örtliche Uhrzeit anzugeben. Da Sonnenposition und -bahn sich je nach Ort ändern, gilt die Uhrzeit immer nur lokal.

IM ECHTEN LEBEN

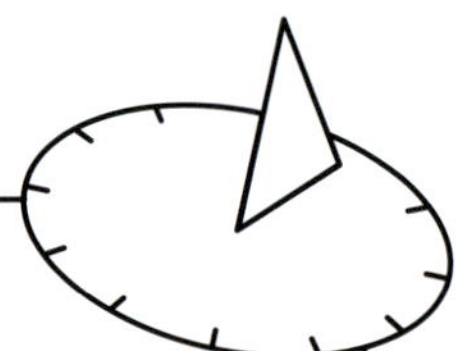

Sonnenuhren benutzt der Mensch seit Tausenden von Jahren. Die ersten Exemplare gab es wahrscheinlich 3500 v. Chr. Viele alte Kulturen maßen mit Sonnenuhren die Zeit, darunter die Römer, Griechen und Ägypter.

Tipp

Auf der Wiese kannst du den Stock direkt in den Boden stecken und die Stunden mit Steinen markieren.

Forsche weiter!

Miss jede Stunde die Länge des Schattens. Wie verändert er sich im Tagesverlauf?

Fallen dir Unterschiede auf zwischen sonnigen und bewölkten Tagen?

WUNDERSAME BOHNE

Ein Pflanzenleben beginnt normalerweise verborgen in der Erde, aber mit dieser Methode bist du live dabei, wenn ein Samen zum Leben erwacht!

15 Minuten für die Vorbereitung

1 Woche zum Beobachten

Materialien

- ★ Wasser
- ★ Trink- oder Schraubglas, durchsichtig
- ★ Papiertücher
- ★ Sprühflasche
- ★ Samen einer Stangen- oder Ackerbohne (erhältlich z. B. im Gartencenter)

Methode

1 Gib etwas Wasser in das Glas, sodass der Boden knapp bedeckt ist. Schwenke es ein paar Mal, dann gieße alles aus, aber trockne das Glas nicht ab.

2 Falte oder zerknülle ein Stück Küchenkrepp, stopfe es in das Glas und besprühe oder besprenkele es mit etwas Wasser, bis es überall feucht ist.

3 Drücke den Samen in das feuchte Papier, sodass er seitlich durch das Glas zu sehen, aber sonst von dem feuchten Papier umhüllt ist.

4 Stelle das Glas an einen sonnigen Ort und besprühe das Papier alle paar Tage mit Wasser, um es feucht zu halten. Achte dabei jedes Mal darauf, ob der Samen sich verändert hat.

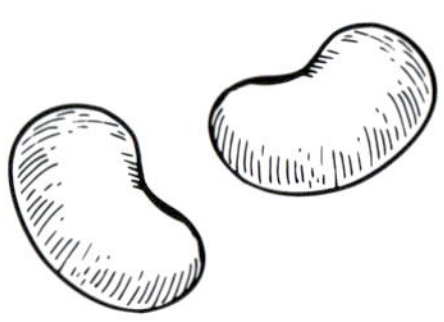

IN DER NATUR

Die meisten Samen warten bis zu zwei Jahre lang auf die richtigen Bedingungen, um zu keimen. Manche brauchen mehr als nur Wasser – einige gelangen erst durch Feuereinwirkung zur Keimung. Diese Pflanzen leben an Orten, wo es häufig zu Waldbränden oder Buschfeuern kommt. Durch die Hitze bricht die harte Schale der Samen auf, sodass Wasser eindringen kann.

Forsche weiter!

Platziere zwei Samen in zwei Gläsern. Stelle eines ins Dunkle, das andere ins Licht, oder eines ins Kalte, das andere ins Warme. Wie ist der Stand nach einer Woche? Vergleiche!

Nach etwa zehn Tagen ist deine Bohnenpflanze groß genug, um in einen Topf mit Erde gepflanzt zu werden.

Was steckt dahinter?

Wenn du Bohnen in einem Glas keimen lässt, kannst du Prozesse beobachten, die normalerweise in der Erde stattfinden. Die Bohne ist vollgepackt mit allen Nährstoffen, die sie für die ersten Tage ihres Wachstums braucht, und solange sie mit Luft und Flüssigkeit versorgt ist, kann sie eine Weile ohne Erde überleben. Damit aus einem Samen ein Keimling wird, müssen die Bedingungen stimmen. Samen warten, bis sie auf Wasser treffen, und verwenden dann einen kleinen Energiespeicher, um Triebe zu bilden. Danach nutzen sie das Sonnenlicht, um Energie zu gewinnen.

FETTHANDSCHUHE

Wie können Tiere in der Kälte der Arktis oder Antarktis überleben? Krempele die Ärmel hoch und finde es heraus!

Benutze ein Tablett, es könnte nass werden.

10 Minuten Vorbereitung

5 Minuten für den Test

Materialien

- ★ große Schüssel, Wanne oder Eimer
- ★ genug Eiswürfel, um das Gefäß zur Hälfte zu füllen
- ★ Wasser
- ★ Löffel oder Spatel
- ★ ca. 200 g Margarine
- ★ 4 Gefrierbeutel
- ★ Klebeband

Methode

1. Fülle die Schüssel etwa zur Hälfte mit Eiswürfeln und Wasser.
2. Löffele etwa 200 g Margarine in einen der Beutel.
3. Stecke einen anderen Beutel in den Margarine-Beutel hinein. Achte darauf, dass der innere Beutel etwa 3 cm oben aus dem äußeren Beutel herausschaut.
4. Schlage den überstehenden Rand des Innenbeutels nach außen um und klebe die Falte rundum am äußeren Beutel fest, sodass keine Margarine austreten kann.
5. Knete die Beutel durch, sodass die Margarine sich zwischen Außen- und Innenbeutel verteilt.
6. Stecke die beiden anderen Beutel ineinander und verfahre wie in Schritt 4 (nur ohne Margarine).
7. Stecke in jeden Doppelbeutel eine Hand und tauche beide in die Schüssel mit Eiswasser. Vergleiche das Gefühl!

Schritte 3 und 4

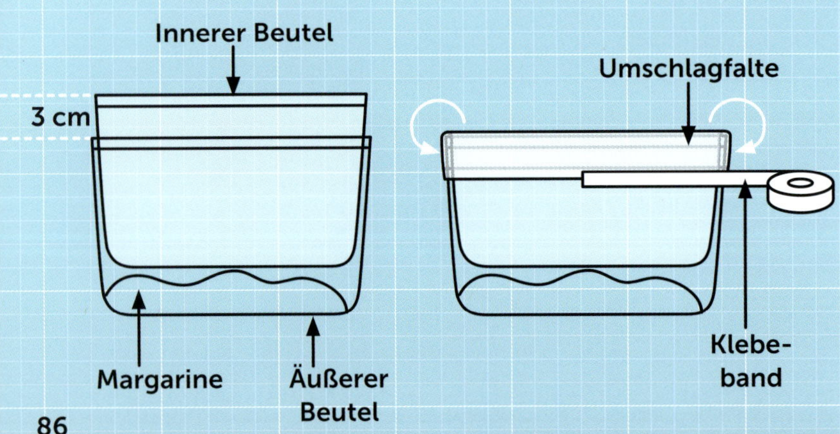

Was steckt dahinter?

Die Margarineschicht zwischen den Beuteln wirkt wie die Speckschicht unter der Haut von Pinguinen, Eisbären oder Walrossen. Die Fettmoleküle bilden eine **Isolier**schicht, mindern Wärmeverlust und halten die Körpertemperatur.

Forsche weiter!

Miss mithilfe eines Thermometers die Temperatur in jedem der Beutel, während sie im Wasser sind.

Versuche, den Zwischenraum zwischen den Beuteln mit anderen Materialien zu füllen, z. B. Polsterfolie, und wiederhole den Eiswasser-Test.

IN DER NATUR

Tiere, die über dickes Fettgewebe verfügen, können dank dieser Isolierschicht sehr schwer sein. Ein Eisbärmännchen wiegt bis zu 500 kg, ein Walrossbulle sogar über 1.000 kg – so viel wie ein Kleinwagen!

BLÜTEN IN NEUEM GEWAND

Dieses farbenfrohe Experiment macht den Weg des Wassers durch die Pflanze deutlich – bis in die Blütenblätter.

Verwende ein Tablett, um Flecken zu vermeiden.

10 Minuten für die Vorbereitung

24 Stunden zum Beobachten

Materialien

★ Schere

★ frische weiße Blumen wie Gänseblümchen, Rosen oder Nelken

★ Tassen oder Gläser

★ Wasser

★ Lebensmittelfarbe

Methode

1 Kürze die Blütenstängel auf die passende Länge, damit sie in deine Gläser oder Tassen passen.

2 Fülle die Gläser mit ausreichend Wasser, sodass die Stielenden ins Wasser eintauchen, und gib in jedes Glas etwa zehn Tropfen Lebensmittelfarbe.

3 Stelle ein oder zwei weiße Blumen in jedes Glas.

4 Sieh alle ein bis zwei Stunden nach den Blumen und halte deine Beobachtungen im Protokollheft fest.

5 Lass die Blumen über Nacht in ihrem farbigen Wasser stehen und sieh am nächsten Morgen nach ihnen.

Was steckt dahinter?

Die Blütenstängel enthalten ein röhrenartiges Gewebe namens **Xylem**. Dank des Kapillareffekts (siehe S. 66-67) wandert Wasser durch das Xylem senkrecht nach oben. Wenn Wasser über die Blätter der Pflanze verdunstet (die sogenannte Transpiration), sinkt der Druck im oberen Teil der Pflanze. Dadurch wird weiteres Wasser nach oben gesaugt, wie durch einen Trinkhalm. Deswegen verändern die Blumen ihre Farbe nicht sofort – es dauert, bis das bunte Wasser oben in den Blüten angekommen ist.

Forsche weiter!

Was passiert, wenn du einen Stängel vorsichtig längs halbierst und jede Hälfte in anders gefärbtes Wasser stellst? Oder wenn du eine Blume nach ein paar Stunden aus einem Farbwasser herausnimmst und in ein andersfarbiges stellst?

Klappt dieses Experiment nur mit weißen Blüten oder ändern auch andersfarbige Blüten ihre Farbe?

IN DER NATUR

Wasser hilft allen Zellen in Blättern, Blüten und Stängeln, ihre Aufgaben zu erfüllen, und hält die Pflanze aufrecht. Zellen, die genug Wasser haben, sind prall wie Luftballons und stabil.

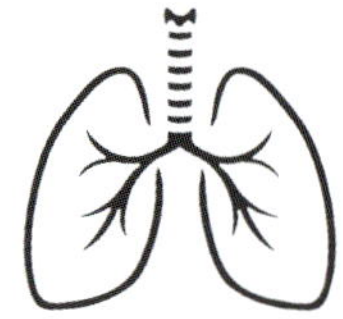

FLASCHENLUNGE

Die meiste Zeit atmen wir, ohne es zu bemerken, aber eigentlich ist Atmen ein faszinierender Vorgang.

Vorsicht
Eine erwachsene Person soll dir beim Schneiden der Flasche helfen.

15 Minuten

Materialien

- ★ Schere
- ★ durchsichtige Plastikflasche, 500 ml
- ★ 2 Luftballons
- ★ Trinkhalm aus Pappe
- ★ Klebe- oder Gummiband
- ★ ablösbare Klebepads

Methode

1 Bitte eine erwachsene Person, eine Plastikflasche (1/2 l) in der Mitte durchzuschneiden. Für das Experiment brauchst du nur die obere Hälfte, das Unterteil kann ins Recycling.

2 Verknote den Hals des Luftballons. Dann schneide das obere Viertel ab, etwa 2,5 cm oberhalb der breitesten Stelle des Ballons.

3 Ziehe den unteren Teil des Ballons so über die halbe Flasche, dass der Knoten in der Mitte ist.

4 Stecke ein Ende des Trinkhalms in den Hals des zweiten Ballons und fixiere ihn mit Klebeband oder einem Gummiband. Teste, ob der Halm fest genug sitzt, indem du den Luftballon durch ihn aufpustest.

Schritt 2

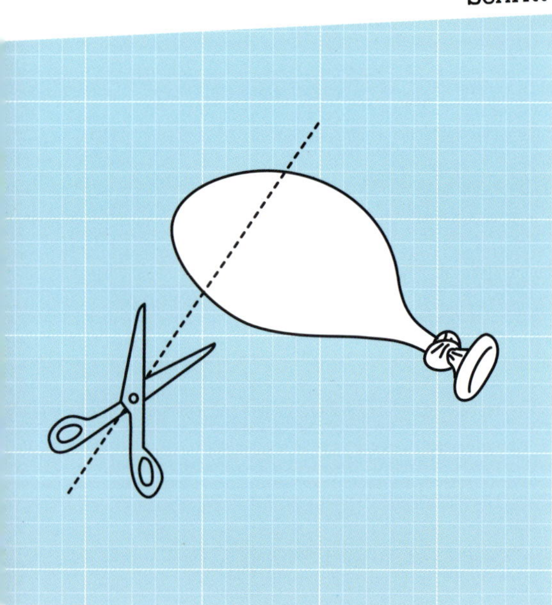

Schritt 3

Schritt 5

5 Ist die Verbindung dicht, schiebe diesen Ballon samt Trinkhalm durch die Flaschenöffnung.

6 Verschließe die Öffnung rund um den Strohhalm mit Klebepads luftdicht.

7 Halte die Flasche in einer Hand. Was passiert, wenn du den Knoten nach unten ziehst?

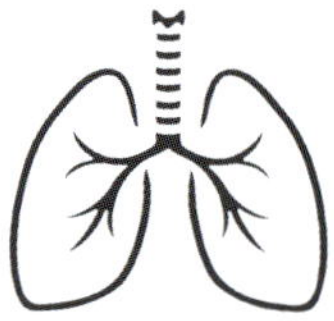

IM ECHTEN LEBEN

Normalerweise bewegt sich das Zwerchfell gleichmäßig. Manchmal jedoch zuckt es und zieht zu schnell nach unten. Das zwingt dich, sehr schnell einzuatmen, und durch den plötzlichen Luftstrom verschließen sich die Stimmbänder ruckartig. Das Ergebnis? Ein Schluckauf!

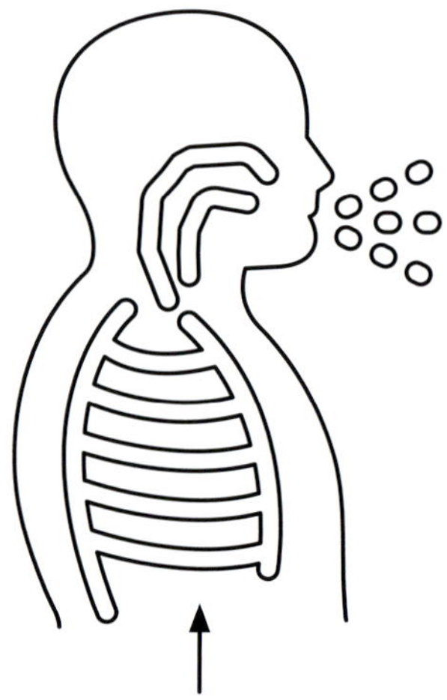

Forsche weiter!

Nimm eine große Wasserflasche, einen weiteren Luftballon und Trinkhalme, um noch eine „Lunge" zu basteln. Jetzt hast du zwei funktionsfähige Lungenflügel.

Was steckt dahinter?

Wenn du den Knoten des Luftballons nach unten ziehst, vergrößerst du den Raum innerhalb der Flasche. Gase breiten sich immer in sämtliche verfügbare Räume aus, daher strömt Luft durch den Trinkhalm nach unten, um diesen zusätzlichen Raum zu füllen. Lässt du den Knoten los, schrumpft der Raum, und die Luft wird aus der Flasche gedrückt. Der Knoten ist wie dein Zwerchfell: ein Muskel im unteren Teil der Brust, der durch seine Bewegungen neue Luft in die Lungen zieht und alte hinauspresst.

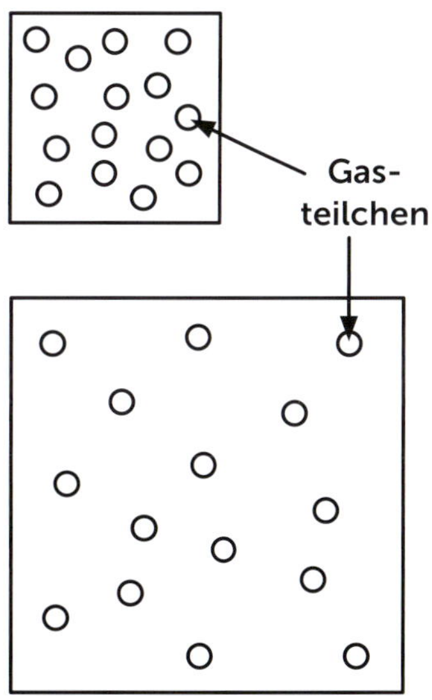

Gase füllen immer jeden verfügbaren Raum.

FINDIGE PFLANZE

Pflanzen brauchen Licht zum Leben, aber welchen Aufwand betreiben sie, um es zu bekommen?

Vorsicht
Lass dir beim Schneiden der Pappe helfen.

30 Minuten für die Vorbereitung
1 Woche zum Beobachten

Materialien

- ★ Schuhkarton oder eine andere Pappschachtel mit Deckel
- ★ Kreppband
- ★ Schere oder Cutter
- ★ Lineal
- ★ Bleistift
- ★ zusätzliche Pappe
- ★ junge Bohnenpflanze im Topf, ein paar Zentimeter groß (frage im örtlichen Gartencenter nach)
- ★ leeres Schraubglas
- ★ Wasser

Methode

1 Halte deine Schachtel in einem dunklen Raum vor eine Lampe: Kommt irgendwo Licht ins Innere? Überklebe alle Lücken und Risse.

2 Schneide (im Hellen) vorsichtig ein großes Loch in eine der kurzen Seiten, das ist der „Ausgang“, den die Pflanze finden muss. Die größte Seite schneidest du ganz auf, das ist die „Tür“ (siehe Foto rechts).

3 Mithilfe von Lineal und Bleistift bastelst du die beiden Hindernisse, sie sollten genauso tief und halb so breit wie die Schachtel sein.

4 Klebe das erste Hindernis in Höhe von ⅓ der Gesamthöhe auf der linken Seite, das zweite in Höhe von ⅔ der Gesamthöhe auf der rechten Seite fest.

5 Topfe deine Pflanze in das leere Glas um und gieße sie, sodass die Erde feucht ist. Lege das Glas auf den Boden der präparierten Schachtel.

6 Klebe die „Tür“ zu und stelle die Schachtel in die Nähe eines Fensters.

7 Öffne die Schachtel einmal täglich, um zu sehen, wie die Pflanze wächst. Schreibe deine Beobachtungen ins Protokollheft. Halte die Erde feucht.

Schritt 4

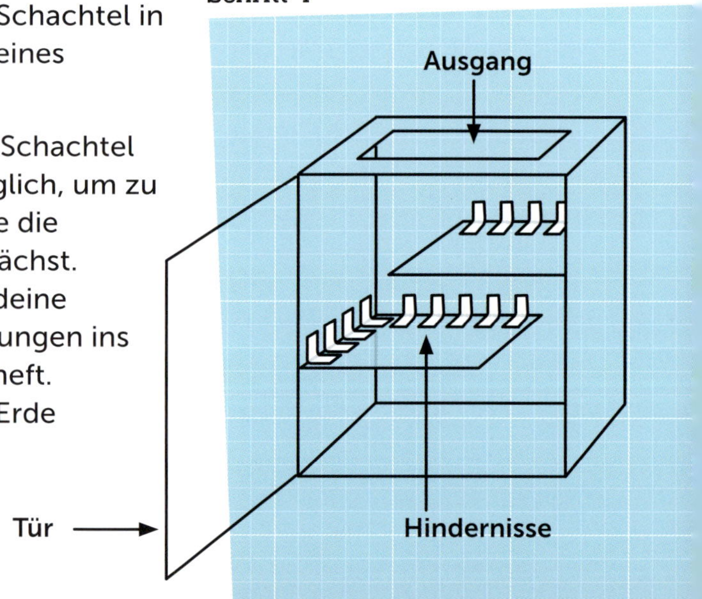

Forsche weiter!

Schafft die Pflanze noch weitere Hindernisse? Bastle eine neue Schachtel – stelle nur sicher, dass ein bisschen Licht die Pflanze erreicht, sonst kann sie nicht wachsen.

Was steckt dahinter?

Was hier passiert, nennt sich **Phototropismus**. „Photo" bedeutet „Licht" und „Tropismus" kommt von dem griechischen Wort für „Wendung". Eine Pflanze braucht Licht um zu wachsen, also wendet sie sich dem Hellen zu, indem sie auf der dem Licht abgewandten Seite ihre Zellen verlängert. Dadurch krümmt sich der Stängel – sie wächst um die Ecke.

IM ECHTEN LEBEN

Sonnenblumen haben ihren Namen von ihrer Fähigkeit, Winkel und Ausrichtung ihrer Blüten und Blätter im Tagesverlauf zu verändern, um so viel Sonnenlicht wie möglich einzufangen.

MUSKELMODELL

Die menschliche Hand kann werfen, fangen, greifen, gestikulieren, winken … Muskeln und Sehnen sei Dank. Bastle ein Modell deiner Hand, um zu verstehen, wie sie funktioniert.

Vorsicht
Lass dir von einer erwachsenen Person beim Ausschneiden der Hand helfen.

30–45 Minuten

Materialien

- ★ Filzstift
- ★ Tonkarton, groß genug, dass deine Hand samt Handgelenk daraufpasst
- ★ Schere
- ★ 5 Trinkhalme aus Plastik oder Papier
- ★ Klebeband
- ★ Bindfaden, ca. 150 cm

Methode

1 Lege deine Hand samt Handgelenk auf den Tonkarton und umfahre den Umriss mit dem Filzstift. Dort, wo die Fingergelenke sind, machst du je einen Strich.

2 Schneide den Handumriss vorsichtig aus (vielleicht brauchst du Hilfe von einer erwachsenen Person).

3 Lege einen Trinkhalm auf den Zeigefinger der Papierhandfläche.

4 Markiere mit dem Filzstift drei Abschnitte auf dem Halm, die etwas kürzer sind als die Bereiche auf dem Finger, und einen vierten, längeren Abschnitt für die Handfläche. Zerschneide den Halm wie markiert.

Schritt 1

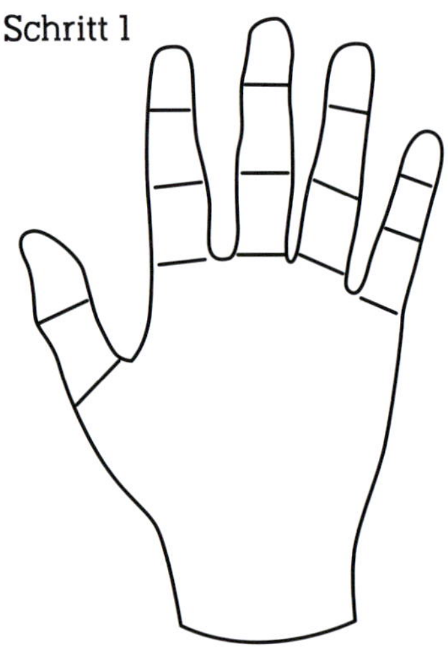

Schritt 4

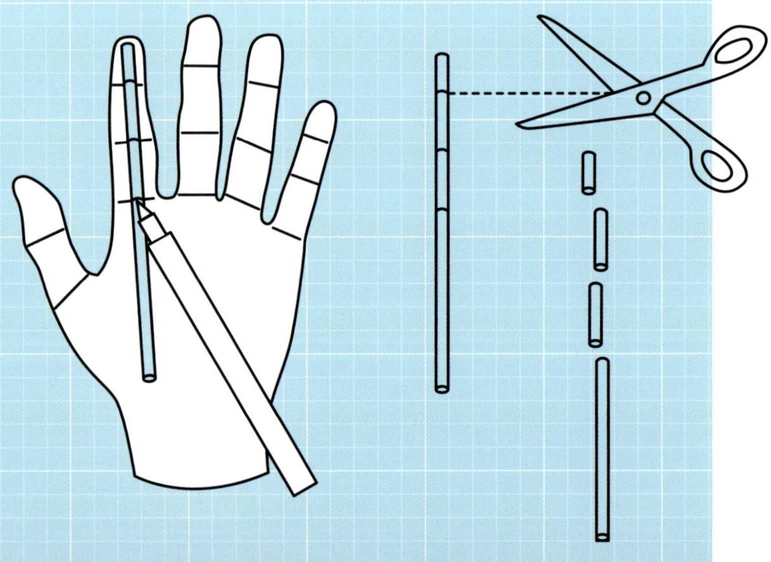

Schritt 6

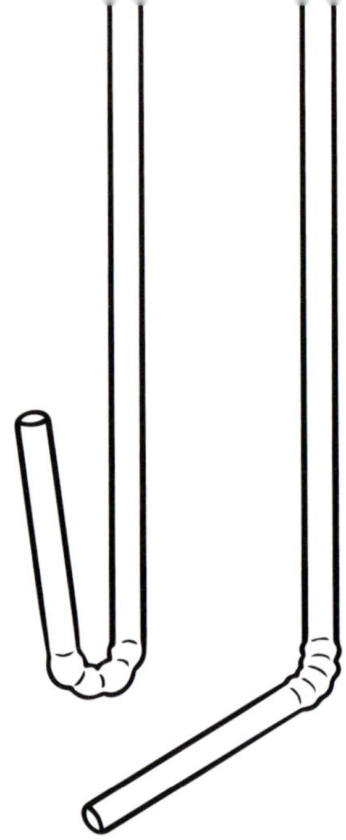

5 Lege die Trinkhalmstücke mittig auf die entsprechenden Bereiche deines Papier-Zeigefingers, mit kleinen Lücken dazwischen, und klebe sie fest. Vorsicht: Nicht die Öffnungen der Halme zukleben!

6 Verfahre mit den anderen Fingern genauso (Hinweis: für den Daumen brauchst du nur zwei kurze Stücke).

7 Schneide den Bindfaden in fünf etwa 30 cm lange Stücke. Mache bei jedem Faden an einem Ende einen dicken Knoten, sodass er nicht durch die Öffnung eines Trinkhalms durchrutschen kann.

8 Fädle pro Finger einen Bindfaden durch die Trinkhalmstücke, von der Fingerspitze zum Handgelenk.

9 Was passiert, wenn du vorsichtig an den Fäden ziehst?

IM ECHTEN LEBEN

Einer der Gründe, warum eine ausgewogene Ernährung so wichtig ist, hat mit der Vielzahl der Gewebearten in unserem Körper zu tun, die alle unterschiedliche Stoffe benötigen. Wir brauchen Kalzium (z. B. aus Brokkoli, Grünkohl oder Mandeln) für unsere Knochen, während Eiweiß (z. B. aus Hafer, Linsen oder Nüssen) für gesunde Muskeln wichtig ist.

Forsche weiter!

Was passiert, wenn du die Trinkhalme nicht zerschneidest?

Bastle ein neues Handmodell, befestige ganze Trinkhalme entlang der Finger, fädle den Bindfaden durch und ziehe daran.

Was steckt dahinter?

Dein Skelett stützt deinen Körper, aber es sind die Muskeln, die ihn bewegen. Die mit den Knochen verbundenen Muskeln ziehen an den Knochen, wenn sie sich anspannen, und entlassen sie wieder in die ursprüngliche Position, wenn sie sich entspannen. Die Muskeln deiner Unterarme haben lange, dünne Streifen aus Bindegewebe, sogenannte Sehnen, die bis zu den Fingerspitzen reichen. Sie erlauben dir, deine Finger zu bewegen und zu beugen, wie die Fäden, die die Papierfinger deines Modells krümmen und wieder loslassen.

HEFE-LUFTBALLON

Wusstest du, dass du einen Luftballon aufblasen kannst, ohne ihn zu berühren? Alles, was du brauchst, sind ein paar winzige Helferlein!

Verwende ein Tablett, um Spritzer aufzufangen.

5–10 Minuten für die Vorbereitung

20 Minuten Wartezeit

Materialien

- ★ Lineal
- ★ warmes Wasser
- ★ kleine, durchsichtige Plastikflasche
- ★ 1 Päckchen aktive Trockenhefe
- ★ 1 Teelöffel Zucker
- ★ Luftballon

Methode

1 Fülle die Flasche 2–3 cm hoch mit warmem Wasser.

2 Füge die Hefe hinzu und schwenke die Flasche.

3 Gib 1 Teelöffel Zucker dazu, schwenke noch einmal.

4 Dehne den Luftballon, indem du ihn einige Male aufpustest und die Luft wieder herauslässt (nicht zuknoten!). Stülpe dann den Hals des geweiteten Ballons über den Flaschenhals.

5 Stelle die Flasche an einen warmen Ort, z. B. ans sonnige Fenster oder auf die Heizung, und prüfe etwa alle 20 Minuten, was passiert. Notiere die Ergebnisse in deinem Protokollheft.

Was steckt dahinter?

Hefezellen sind winzige Lebewesen (Mikroorganismen), die essen und atmen und Abfallstoffe produzieren, genau wie du. Eine Packung Hefe enthält Milliarden von Hefezellen. Das warme Wasser weckt sie auf, den Zucker futtern sie. Dabei stoßen sie Gas, Kohlenstoffdioxid, aus, das in Form von Bläschen durch das Wasser nach oben steigt und den Luftballon aufbläst.

IM ECHTEN LEBEN

Diese Bläschen sind der Grund, warum Hefe beim Brotbacken so wichtig ist. Vor ungefähr 5.000 Jahren haben Menschen die Wirkung der Hefe entdeckt und benutzen sie seitdem, um locker-luftige Brote und Kuchen zu backen.

Forsche weiter!

Probiere andere Zuckerquellen aus, z. B. Honig oder Sirup. Erzeugt die Hefe damit genauso viel Gas?

Was passiert, wenn du ein größeres oder kleineres Behältnis nimmst oder die Flasche an einen kühlen Ort stellst?

HERZ IM GLAS

Was genau passiert, wenn dein Herz schlägt? Dieses einfache Herzmodell macht sichtbar, wie dein Herz unermüdlich Blut durch deinen Körper pumpt.

Verwende ein Tablett, um Flecken zu vermeiden.

30 Minuten

Materialien

- ★ Wasser
- ★ Einmachglas mit großer Öffnung
- ★ rote Lebensmittelfarbe oder rotes Getränkepulver
- ★ Luftballon
- ★ Schere
- ★ spitzer Bleistift
- ★ 2 Glas- oder Plastiktrinkhalme mit Knick
- ★ Klebefilm, transparent
- ★ Tablett

Methode

1. Fülle das Glas zu etwa ⅔ mit Wasser und rühre einige Tropfen rote Lebensmittelfarbe oder etwas rotes Getränkepulver hinein.
2. Schneide den Hals des Luftballons ab (nicht wegwerfen, du brauchst ihn noch!) und stülpe den größeren Teil des Ballons über die Öffnung des Glases, sodass er straff gespannt ist.
3. Mit dem spitzen Bleistift bohrst du in 2–3 cm Abstand vorsichtig zwei kleine Löcher durch den gespannten Luftballon, gerade groß genug, dass die Trinkhalme durchpassen, ohne dass Lücken entstehen.
4. Schiebe durch jedes Loch einen Trinkhalm, bis diese im Wasser stehen; der „Knick“ ist oben. Sollten die Löcher zu groß geraten sein, klebe die Lücken zu oder nimm einen neuen Luftballon.
5. Verknote den abgeschnittenen Hals, stülpe ihn über einen der Trinkhalme und klebe ihn fest, sodass er luftdicht abschließt.

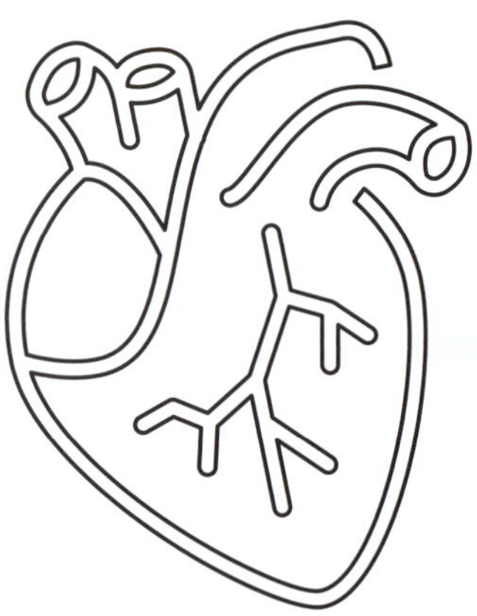

6 Stelle das Glas auf das Tablett und drücke mit dem Finger auf die Mitte der gespannten Luftballonhaut. Beobachte, wie die Flüssigkeit durch die Trinkhalme aufsteigt und aus dem Halm ohne Luftballon-Verschluss herausspritzt.

Was steckt dahinter?

Das Herz besteht aus vier Herzhöhlen, die zusammenarbeiten: zwei Vorhöfen und zwei Kammern. Deine Pumpe veranschaulicht, wie eine einzelne Herzhöhle funktioniert. Das Herunterdrücken des Luftballons simuliert den Herzmuskel, der Blut durch die Arterien in deinen Körper pumpt. Der zugeknotete Luftballonhals, der einen der Trinkhalme verschließt, sodass dort keine Flüssigkeit austreten kann, entspricht im Modell einer Herzklappe. Diese sitzen zwischen Vorhof und Herzkammer sowie zwischen Herzkammer und Blutgefäß und verhindern, dass das Blut in die falsche Richtung fließt.

IN DER NATUR

Die Herzen von Vögeln und Säugetieren bestehen aus zwei Hälften mit je einem **Atrium** (Vorhof) und einem **Ventrikel** (Herzkammer). Aber das ist nicht bei allen Tieren so. Amphibien und Reptilien haben drei Herzhöhlen (zwei Atrien und ein Ventrikel), Fische nur zwei (ein Atrium und ein Ventrikel).

Schritt 6

Forsche weiter!

Was passiert, wenn du den Luftballonhals vom Trinkhalm entfernst? Welche Folge hätte eine undichte Herzklappe?

Versuche, ein Herz mit zwei Kammern zu basteln, mit 2 Gläsern und 4 Trinkhalmen!

ZAHNTEST

Warum sollen wir uns immer die Zähne putzen? Finde es mit diesem Eier-Experiment heraus!

Vorsicht

Die im Experiment verwendeten Eier dürfen nicht mehr verzehrt werden!

10 Minuten für die Vorbereitung

Über Nacht stehen lassen

Materialien

- ★ 5 hartgekochte Eier
- ★ 5 große Schraubgläser mit Deckel
- ★ 5 verschiedene Getränke, z. B. Wasser, Kaffee, Milch-Shake, Saft, Mineralwasser mit Kohlensäure (mind. ein säurehaltiges wie Kaffee oder Sprudel)
- ★ Filzstift
- ★ Klebeetiketten oder Haftzettel

Methode

1. Lege in jedes Glas ein Ei.
2. Gieße über jedes Ei ein anderes Getränk (das erste Glas kannst du z. B. mit Orangensaft füllen). Beschrifte die Gläser mithilfe der Etiketten oder Haftzettel und schraube die Deckel zu.
3. Lass die Eier über Nacht so stehen.
4. Nimm am nächsten Tag die Eier vorsichtig mit den Fingern oder mit einem Löffel aus den Gläsern. Was fällt dir auf, haben sich die Eier verändert? Schreibe es in dein Protokollheft.

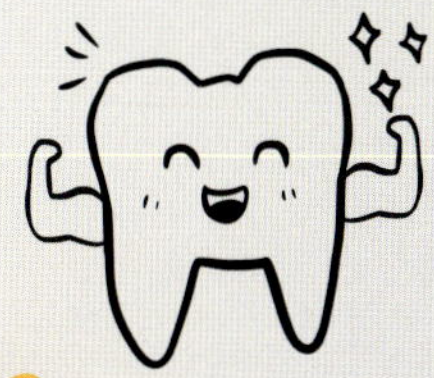

Verwende ein Tablett, um Flecken zu vermeiden.

Was steckt dahinter?

Eierschalen ähneln dem harten **Zahnschmelz**, der unsere Zähne umhüllt und schützt. Bestimmte Getränke können ihn verfärben, und Säurehaltiges wie Cola kann ihn im Laufe der Zeit angreifen. Zuckerreiche Lebensmittel fördern das Wachstum von Bakterien im Mund, die zusätzlich Säure produzieren.

IM ECHTEN LEBEN

Zahncreme besteht in der Regel aus zwei Hauptzutaten, die die Zähne sauber und gesund halten. Putzkörper helfen, Essensreste und Verfärbungen zu entfernen, wenn du dir die Zähne putzt. Ein Mineral namens Fluorid schützt den Zahnschmelz vor schädlichen Bakterien.

Forsche weiter!

Experimentiere mit anderen Flüssigkeiten wie Essig.

Was geschieht, wenn du die Eier am nächsten Morgen mit Zahnbürste und Zahnpasta putzt? Macht dies eine der Veränderungen rückgängig? Was, wenn du auf den Eiern vor dem „Einlegen" Zahncreme verteilst?

REIBEREI HOCH 2

Wie sollte die Oberfläche einer Rampe beschaffen sein, damit ein Spielzeugauto einen guten Start hat? Auf die **Reibung** kommt es an!

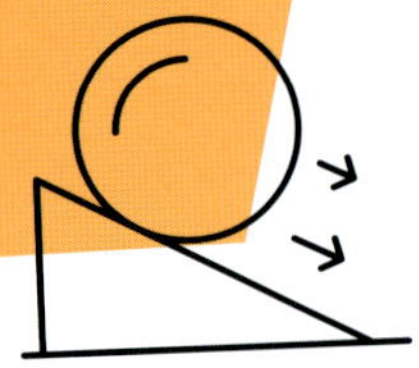

15–20 Minuten

Materialien

- ★ Stütze für die Rampe, z. B. Stuhl, Kiste, Bücherstapel ...
- ★ Stück Pappe, mind. 60 cm lang
- ★ Spielzeugauto (bzw. ein Spielzeug mit Rädern)
- ★ Maßband
- ★ Aluminiumfolie, Teppichstück und Geschirrhandtuch als Rampenbelag
- ★ Klebeband

Methode

1. Baue aus der Pappe eine Rampe, indem du eine der kurzen Seiten z. B. auf einen Stapel Bücher legst.
2. Halte das Spielzeugauto am oberen Ende der Rampe fest und lass es dann rollen. Nicht anschubsen, nur rollen lassen!
3. Miss den Abstand zwischen dem unteren Ende der Rampe und dem Punkt, wo das Auto zum Stehen kam.
4. Bedecke die Rampe nacheinander mit Alufolie, Teppich und Geschirrhandtuch. Streiche den Belag immer möglichst glatt. Falls der Belag wegrutscht, fixiere ihn an den Enden der Rampe mit Klebeband.
5. Lass das Auto vom gleichen Punkt losrollen wie in Schritt 2 und miss, wie weit das Auto jeweils rollt.

Was steckt dahinter?

Reibung entsteht, wenn zwei Objekte versuchen, sich aneinander vorbei zu bewegen. Sie wirkt in die der Bewegung entgegengesetzten Richtung, bremst die Objekte und erschwert die Bewegung. Je rauer die Oberfläche, desto stärker die Reibung. Deswegen rollt das Auto auf Teppich weniger weit als auf glatter Alufolie.

IM ECHTEN LEBEN

Das Profil eines Autoreifens verleiht dem Reifen mehr Griffigkeit auf der Straße und mindert die Gefahr, wegzurutschen. Winterreifen haben ein besonders starkes Profil, damit das Auto auch auf Eis und Schnee dank der erhöhten Reibung nicht so schnell ins Rutschen kommt.

Forsche weiter!

Spielt der Winkel der Rampe eine Rolle? Baue die Rampe steiler oder flacher und lass das Auto erneut über verschiedene Beläge rollen.

Probiere andere Materialien als Belag aus, z. B. Klarsichtfolie. Gibt es einen Rampenbelag, mit dem das Auto weiter rollt als auf der bloßen Pappe?

LUFTKISSEN-FAHRZEUG

Schlage der Reibung ein Schnippchen und lass dein selbst gebautes Luftkissenfahrzeug über den Tisch gleiten.

Vorsicht

Bitte eine erwachsene Person, den Verschluss auf die CD zu kleben.

15–30 Minuten

Materialien

- ★ alte CD oder DVD (oder ein Kreis aus Pappe mit einem ca. 1,5 cm großen Loch in der Mitte)
- ★ Klebeband
- ★ Stecknadel
- ★ Push-Pull-Verschluss einer alten Trink- oder Spülmittelflasche
- ★ Sekundenkleber oder ablösbare Klebepads
- ★ Luftballon

Methode

1. Decke das Mittelloch der CD mit Klebeband ab und stich mit der Stecknadel ein paar kleine Löcher hinein.
2. Klebe den Verschluss mit Sekundenkleber oder Klebepads auf der Mitte der CD fest. Drücke ihn fest auf die CD, damit er wirklich hält (wenn du Sekundenkleber verwendest, 10–20 Minuten trocknen lassen).
3. Puste den Luftballon auf und drücke den Hals fest zusammen, aber knote ihn nicht zu.
4. Stelle sicher, dass der Push-Pull-Verschluss geschlossen ist. Stülpe den Luftballonhals darüber und versuche, dabei so wenig Luft wie möglich entweichen zu lassen (vielleicht brauchst du hierfür noch ein paar helfende Hände).

Schritt 2

5 Wenn du bereit bist, lege dein Luftkissenfahrzeug auf eine glatte Fläche und öffne vorsichtig den Verschluss innerhalb des Luftballonhalses. Pass auf, dass sich der aufgepustete Luftballon dabei nicht löst. Schubse die CD an, sodass sie über den Tisch gleitet. Wie verhält sie sich?

Was steckt dahinter?

Würde die CD ohne die Luftballonkonstruktion über den Tisch rutschen, würde die Reibung die Bewegung bremsen und schließlich stoppen. Die Luft, die langsam aus dem Ballon entweicht, bildet ein kleines, gleichmäßiges Luftkissen unter der CD. Dieser Auftrieb reicht aus, um die Reibung zu mindern, sodass die CD mühelos über die Fläche gleiten kann.

IM ECHTEN LEBEN

Luftkissenfahrzeuge, die für den Personentransport genutzt werden, funktionieren nach dem gleichen Prinzip: Sie schweben knapp über der Oberfläche auf einem Luftkissen, das unter dem Fahrzeug aufgebaut wird. Sie können übers Wasser und über Land fahren. Manche bieten Platz für Hunderte Personen, andere können über 130 km/h schnell fahren.

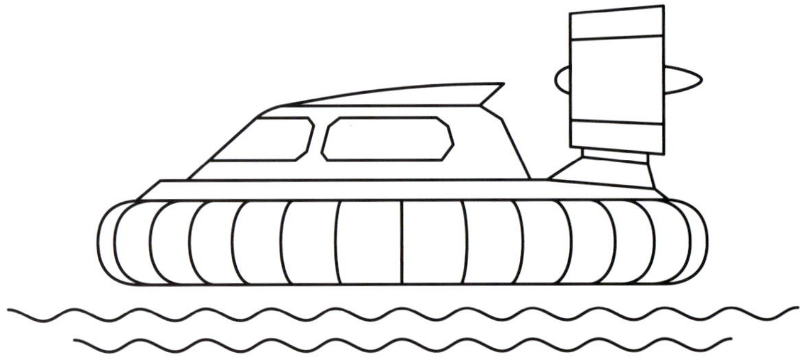

Forsche weiter!

Lass dein Fahrzeug über verschiedene Flächen gleiten: Teppichboden, Kiesweg, Fliesen … Funktioniert es überall? Notiere deine Beobachtungen im Protokollheft.

WASSERZAUBER

Mit diesem einfachen Trick kannst du alle verblüffen: Es sieht so aus, als hättest du magische Kräfte!

5 Minuten

Materialien

- ★ Luftballon
- ★ Wasserhahn

Methode

1 Puste den Ballon auf. Reibe ihn zehn Mal über deine (trockenen) Haare oder einen flauschigen Teppich.

2 Drehe am Wasserhahn das kalte Wasser auf, sodass nur ein sehr dünner Strahl herauskommt.

3 Bringe den Luftballon in die Nähe des Strahls, bis er das Wasser beinahe berührt.

Was steckt dahinter?

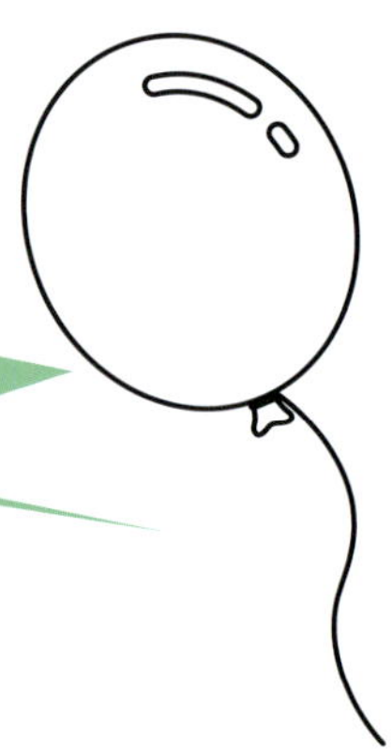

Nein, hier ist keine Magie im Spiel, sondern ein Phänomen namens **elektrostatische Aufladung**. Wenn du den Luftballon an deinen Haaren reibst, nimmt er negativ geladene Elektronen auf (vergleiche mit dem Experiment auf Seite 36) und ist somit negativ geladen. Der Wasserstrahl hingegen ist positiv geladen, und da sich Gegensätze – wie bei Magneten – anziehen, bewegt sich der Wasserstrahl zum Ballon hin.

IM ECHTEN LEBEN

Wenn du beim Anfassen eines Türgriffs, eines Autos oder sogar einer anderen Person schon einmal einen „Schlag" bekommen hast, warst du auch schon mal elektrostatisch aufgeladen. Läufst du über einen Teppich, kann sich eine Ladung aufbauen. Wenn du dann etwas berührst, das mit dem Boden verbunden ist, schließt sich ein Stromkreis, und die Elektronen springen schlagartig auf das Objekt über (elektrostatische Entladung).

Forsche weiter!

Was passiert, wenn du den Wasserstrahl verstärkst?

Verwende einen Plastikkamm anstelle des Luftballons und lade ihn auf, indem du mehrmals mit dem Kamm durch deine Haare fährst.

SEIDENPAPIER-FALLSCHIRM

Vorsicht
Lass dir bei diesem Experiment von einer erwachsenen Person helfen.

Lass eine Spielfigur sanft zu Boden schweben, dank Fallschirm und **Luftwiderstand**.

30–45 Minuten

Materialien

- ★ Lineal
- ★ Bleistift
- ★ Schere
- ★ Seidenpapier
- ★ Malerkrepp oder Klebeband
- ★ Locher
- ★ Bindfaden, 120 cm
- ★ eine kleine Plastikfigur oder ein kleiner Klumpen Modelliermasse

Methode

1 Zeichne mithilfe von Lineal und Bleistift ein 30 x 30 cm großes Quadrat auf Seidenpapier und schneide es aus.

2 Verstärke die Ecken beidseitig mit Klebeband und stanze mit dem Locher in jede Ecke ein Loch.

3 Schneide aus dem Bindfaden vier 30 cm lange Stücke.

4 Knote an jedem Loch ein Stück Bindfaden fest.

5 Falte das Papier in der Hälfte und dann, quer dazu, noch einmal in der Hälfte. Alle vier Ecken mit Faden sollten nun übereinander liegen.

6 Binde die freien Enden der Fäden an der Spielfigur fest oder drücke die Fadenenden in die Modelliermasse.

7 Öffne den Fallschirm vorsichtig. Lass ihn – unter Aufsicht einer erwachsenen Person – vom Balkon oder einem hohen Fenster fallen. Achte darauf, dass unten niemand steht! Beobachte, wie der Fallschirm fällt.

8 Schneide ein kleines Loch in die Mitte des Fallschirms und lass ihn noch einmal fallen.

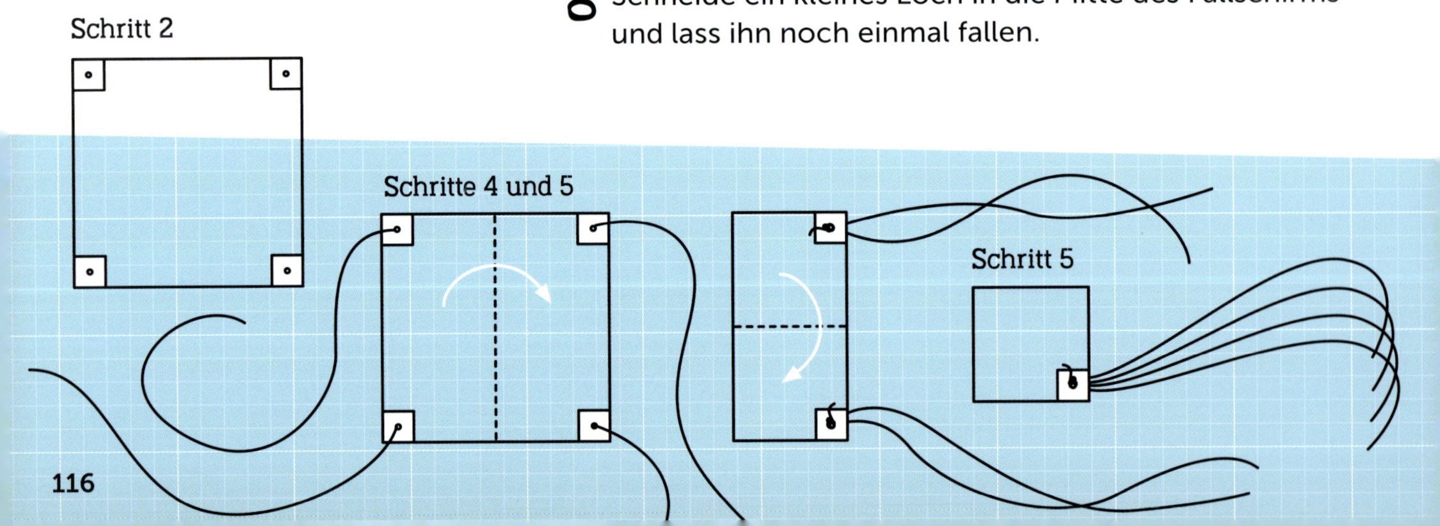

Forsche weiter!

Wie groß kannst du das Loch in der Mitte des Fallschirms machen, ohne dass er seine Funktion einbüßt?

Bastle verschieden große Fallschirme mit derselben Last (Figur/ Modelliermasse) und stoppe die Zeit, wie lange jeder braucht, bis er am Boden ist.

Experimentiere mit verschiedenen Materialien und Formen. Welche Kombinationen funktionieren am besten?

Was steckt dahinter?

Die Erdanziehungskraft zieht alles nach unten, aber manchmal arbeiten andere Kräfte dagegen. Eine dieser Kräfte ist der **Luftwiderstand**. Wenn die Spielfigur, von der **Gravitation** angezogen, nach unten fällt, füllt sich ihr Fallschirm mit Luft. Diese Luft wirkt der Abwärtsbewegung entgegen und verlangsamt den Sturz des Fallschirms. Durch das Loch kann angestaute Luft nach oben entweichen, wodurch sich der Luftwiderstand reduziert.

UNTRENNBARE BÜCHER

Du kannst zwei Bücher ohne einen Tropfen Klebstoff extrem fest miteinander verbinden! Probiere es aus!

10 Minuten

Materialien

★ 2 etwa gleich große und gleich dicke Bücher oder Schreibblöcke (mind. 100 Seiten)

Methode

1 Schlage beide Bücher auf und lege den einen Buchdeckel über den anderen.

Schritt 1

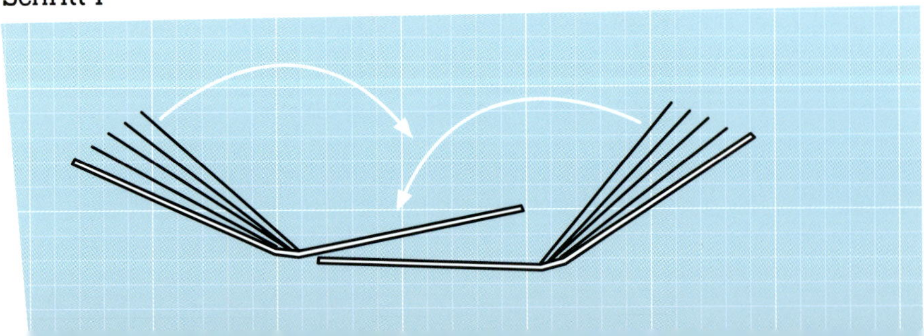

Forsche weiter!

Was passiert, wenn du nicht jedes einzelne Blatt verschränkst? Probiere, die Bücher nur alle zehn oder 20 Seiten miteinander zu verbinden. Lassen sich die Bücher dann leichter trennen?

2. Blättere die erste Seite von Buch 1 um, dann die erste Seite von Buch 2, sodass diese auf der Seite von Buch 1 liegt.
3. Wiederhole dieses Muster, bis beide Bücher ganz ineinander verschränkt sind.
4. Halte jedes Buch am Buchrücken und versuche, sie auseinanderzuziehen.

Schritt 2

Was steckt dahinter?

Kein Geheimkleber – es ist die Reibung! Wenn du in eine Richtung ziehst, wirkt die Reibung in die entgegengesetzte Richtung und bremst die Bewegung. Die Reibung zwischen zwei einzelnen Blättern Papier ist minimal, aber multipliziert mit 100 entsteht genügend Kraft, um die Bücher zusammenzuhalten.

IM ECHTEN LEBEN

Reibung kann dazu führen, dass bewegliche Teile in Maschinen und Fahrzeugen, z. B. eine Fahrradkette, nicht mehr richtig funktionieren. Dann muss man sie ölen: Ein Schmiermittel wie Öl bildet eine glatte Schicht zwischen den Teilen und mindert Reibung.

MAGNETANTRIEB

Nutze die Kraft der Magnete, um ein Spielzeugauto über eine Rennstrecke flitzen zu lassen.

30–60 Minuten

Materialien

- ★ Baumaterial für eine Rennstrecke, z. B. Bausteine, Krepp-band, Pappschachteln
- ★ Magnet
- ★ kleines Spielzeugauto
- ★ Gummibänder, ablösbare Klebepads oder Klebeband
- ★ Hufeisen- oder Stabmagnet

Methode

1 Bastle aus dem Material, das du gesammelt hast, auf dem Tisch oder Boden eine Rennstrecke für dein Auto: eine Fahrbahn mit Kurven und Hindernissen.

2 Befestige mit Gummibändern, Klebepads oder Klebeband einen Magneten am Spielzeugauto. Achte darauf, dass die Räder sich frei drehen können.

3 Benutze den Hufeisen- oder Stabmagnet, um dein Auto über die Rennstrecke zu bewegen. Halte ihn direkt vor oder hinter dein Auto – kannst du es schieben oder ziehen, ohne es zu berühren? Ein Ende des Hufeisen- oder Stabmagneten stößt das Auto ab, das andere Ende zieht es an.

Was steckt dahinter?

Die beiden Enden eines Magneten nennt man **Pole**: Nordpol und Südpol. Sie heißen so, weil jedes Ende einem der Erdpole zustrebt. Zwei „gleiche" Pole (Nord- und Nordpol; Süd- und Südpol) stoßen sich ab, zwei „ungleiche" (Nordpol und Südpol) ziehen sich an. Das funktioniert aber nur, wenn die beiden Magnete nah genug beieinander sind. Jeder Magnet ist von einem unsichtbaren **Magnetfeld** umgeben.

Forsche weiter!

Stoppe die Zeit auf der Rennstrecke. Bewege das Auto zuerst nur mittels Abstoßung, dann nur mittels Anziehung. Ist eine Methode einfacher oder schneller als die andere?

Was passiert, wenn du an einem der Autos einen Hufeisen- oder Ringmagnet befestigst?

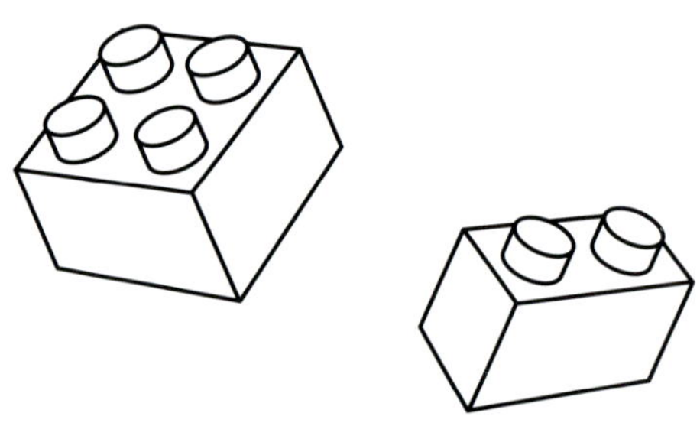

IM ECHTEN LEBEN

Magnetschwebebahnen nutzen Magnete zur Beschleunigung. Starke Magnete mit gleichen Polen befinden sich in den Schienen und am Boden des Zuges. Die Abstoßungskräfte lassen den Zug einige Zentimeter in der Luft schweben. Mit weiteren Magneten wird der Zug vorangeschoben bzw. -gezogen und kann Geschwindigkeiten von über 500 km/h erreichen.

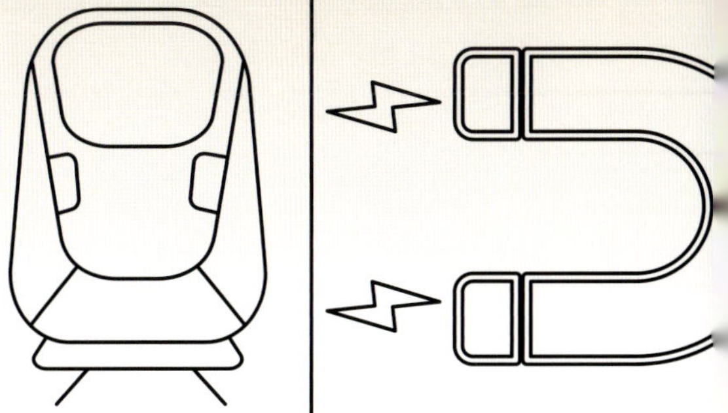

PAPIERFLIEGER

Experimentiere mit Formen und Größen, um das Papierflugzeug zu basteln, das am weitesten fliegt.

10–30 Minuten

Materialien

- ★ 3 Blätter Papier im Format DIN A4
- ★ Lineal
- ★ Maßband

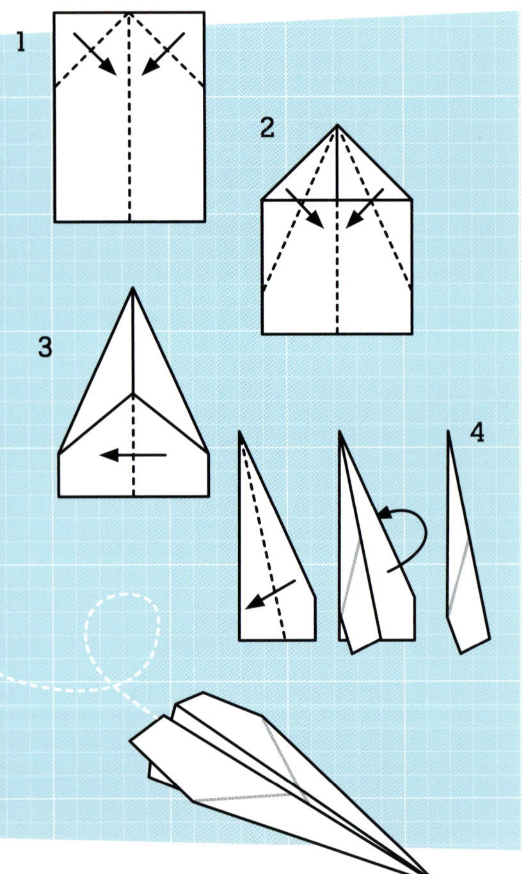

Methode

1 Falte drei verschiedene Papierflieger-Modelle. Drücke jeden Falz mit dem Lineal oder dem Daumennagel flach. Die Abbildung unten zeigt dir ein gängiges Modell, das du ausprobieren kannst. Weitere Designs lassen sich leicht finden, du kannst dir auch selbst welche ausdenken.

2 Wähle einen Punkt aus, von dem aus deine Flieger starten sollen, und markiere ihn: mit einem Stock oder Stein, wenn du draußen bist, mit einem Schuh, Spielzeug oder Faden in der Wohnung.

Schritt 1

Schritt 4

3 Stell dich an den Startpunkt und lass das erste Papierflugzeug fliegen.

4 Sobald es gelandet ist, stellst du mithilfe des Maßbandes fest, wie weit es geflogen ist. Schreibe die Ergebnisse in dein Protokollheft.

5 Lass dasselbe Flugzeug noch zweimal fliegen und versuche, es möglichst auf dieselbe Art zu werfen. Dann berechne die durchschnittliche Flugstrecke: Du addierst die Strecken aller drei Testflüge und teilst die Summe durch drei (die Anzahl der Testflüge dieses Fliegers).

6 Verfahre mit den anderen beiden Modellen genauso und berechne auch *deren* durchschnittliche Reichweite. Vergleiche die Flieger und notiere alle Ergebnisse im Protokollheft.

Was steckt dahinter?

Wenn du einen Papierflieger in die Luft wirfst, gibst du ihm **Schub** – einen Stoß nach vorne. Während er fliegt, strömt Luft über und unter seinen Flügeln entlang, und es kommt eine weitere Kraft hinzu, die ihn in der Luft hält: der **Auftrieb**. Verschiedene Flügelformen und -größen erzeugen mehr oder weniger Auftrieb. Gleichzeitig wirken Luftwiderstand und Gravitation auf den Flieger ein, er wird langsamer und fällt am Ende zu Boden.

IM ECHTEN LEBEN

Die Kräfte, die deine Papierflieger in der Luft halten, sind die gleichen, die echten Flugzeugen das Fliegen ermöglichen. Riesige Tragflächen erzeugen Auftrieb, Motoren sorgen für den Schub. Papierflieger fallen nach kurzem Flug zur Erde, weil sie nur die Energie deines Wurfes haben, aber bei Flugzeugen hält Treibstoff die Motoren lange am Laufen.

Forsche weiter!

Experimentiere mit verschiedenen Entwürfen. Teste aufwendigere Falttechniken und verschiedene Flügelklappen und wirf die Flieger rückwärts oder kopfüber.

Überlege, welche Modelle den größten Auftrieb erzeugen, wodurch sie weiter fliegen können.

FLATTERNDER SCHMETTERLING

Mit einem Luftballon und ein wenig Elektrostatik kannst du einen Schmetterling basteln, der mit den Flügeln flattert.

Vorsicht
Lass dir beim Ausschneiden der Flügel helfen.

15 Minuten

Materialien

- ★ Bleistift
- ★ Seidenpapier
- ★ Schere
- ★ rechteckiges Stück Pappe
- ★ buntes Tonpapier oder Tonkarton
- ★ Klebestift oder Bastelkleber
- ★ Wackelaugen (nicht zwingend nötig, aber lustig!)
- ★ Luftballon

Methode

1. Zeichne auf das Seidenpapier ein Flügelpaar für deinen Schmetterling und schneide es aus.
2. Zeichne ein zweites, aber etwas kleineres Flügelpaar auf das Seidenpapier, schneide es aus und lege beide übereinander auf die Pappe (siehe Abbildung unten).
3. Zeichne einen Körper für deinen Schmetterling auf Tonkarton und schneide ihn aus.
4. Klebe den Körper über die Mitte der Flügel auf die Pappe. Achte darauf, dass die Flügel fixiert sind, aber weiterhin flattern können!
5. Klebe Wackelaugen auf, wenn du möchtest, oder male einfach ein Gesicht auf.

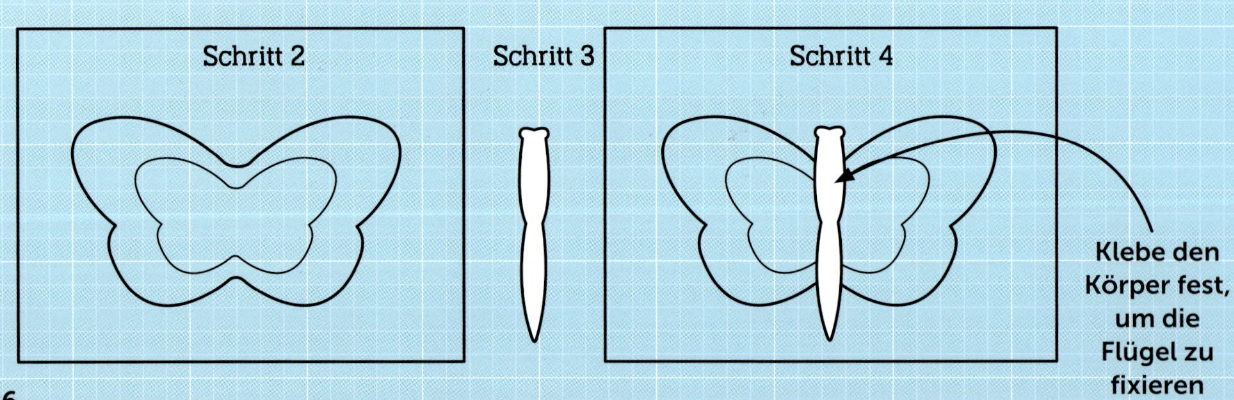

Schritt 6

Schritt 7

6 Puste den Luftballon auf, verknote ihn und reibe ihn ca. zehnmal über die Haare.

7 Halte den Luftballon über die Flügel deines Schmetterlings.

Was steckt dahinter?

Wie beim Wasserzauber (siehe Seite 114) wird **elektrostatische Aufladung** genutzt, um etwas zu bewegen, ohne es zu berühren. Durch das Reiben an den Haaren lädt sich der Luftballon auf. Seine Anziehungskraft ist stärker als die Gravitation, die die Flügel nach unten zieht.

Forsche weiter!

Wie oft kannst du die Flügel flattern lassen, bevor du den Luftballon wieder an deinen Haaren reiben musst?

Was passiert, wenn du einen Schmetterling mit größeren oder kleineren Flügeln bastelst? Ändert das ihre Reaktion auf den Luftballon?

IM ECHTEN LEBEN

Statische Elektrizität kann lästig sein, wenn man Dinge staubfrei halten möchte. Die Ladung im Innern von elektronischen Geräten wie Fernseher und Computer verleiht auch den Bildschirmen eine schwache Ladung. Staubpartikel aus der Luft werden vom Bildschirm angezogen und setzen sich dort ab.

FLASCHENTORNADO

Was bringt einen Wirbelsturm zum Wirbeln? Finde es heraus mit einem Mini-Tornado.

Vorsicht

Lass dir beim Abschneiden der Plastikringe an den Flaschen helfen.

10–15 Minuten

Materialien

- ★ Schere
- ★ Wasser
- ★ 2 gleich große, durchsichtige Plastikflaschen
- ★ Glitzer
- ★ Teelöffel oder Trichter
- ★ Tornado-Adapter (online erhältlich)

Schritt 3

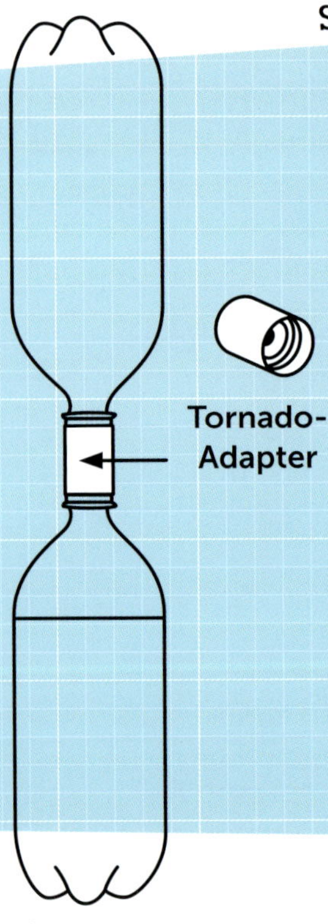

Methode

1. Entferne die Deckel beider Flaschen und schneide vorsichtig eventuell verbliebene Plastikringe ab.
2. Fülle eine der Flaschen zu etwa ¾ mit Wasser und gib mit dem Teelöffel oder über einen Trichter etwas Glitzer hinzu.
3. Stelle die leere Flasche auf den Kopf und verbinde beide Flaschen mit dem Tornado-Adapter.
4. Drehe die untere, mit Glitzerwasser gefüllte Flasche nach oben, schwenke sie einige Male im Kreis und beobachte, was passiert.

Was steckt dahinter?

Was du siehst, ist ein Wirbel. Ein Wirbel ist eine spiralförmige Bewegung in Flüssigkeiten und Gasen. Wenn du die Flasche in schnellen Kreisen schwenkst, entsteht eine sogenannte Zentripetalkraft, die eine Bewegung auf einer gekrümmten Bahn verursacht. Diese Kraft zwingt das Wasser samt Glitzer, sich im Kreis zu drehen, wenn es durch die schmale Öffnung des Adapters gezogen wird.

IM ECHTEN LEBEN

Wenn du im Fernsehen schon mal einen Tornado gesehen oder zugeschaut hast, wie das Badewannenwasser im Abfluss verschwindet, so war das ein Wirbel. Tornados entstehen bei starken Gewittern, wenn warme, feuchte Luftmassen auf kühle, trockene treffen. Sie drängen aneinander vorbei und bilden, begünstigt durch die starken Winde, einen Luftwirbel.

Forsche weiter!

Wiederhole den Versuch mit größeren oder kleineren Flaschen – verändert die Flaschengröße etwas? Was passiert, wenn die verbundenen Flaschen unterschiedlich groß sind?

Bildet sich der Wirbel auch dann, wenn du die Flaschen ohne Tornado-Adapter zusammenklebst? Schreibe die Ergebnisse in dein Protokollheft.

Am besten machst du den Versuch draußen, falls der Tornado-Adapter nicht ganz dicht abschließt.

KRATERLANDSCHAFT

Du fragst dich, was das Aussehen der Mondoberfläche geprägt hat? Dieses Experiment klärt dich auf und macht jede Menge Spaß.

Gehe nach draußen oder lege ein großes Tuch unter, um „Mondstaub" aufzufangen!

15 Minuten

Materialien

- ★ großes Tuch, Kiste oder Müllsack
- ★ große, flache Auflauf- oder Kuchenform
- ★ Mehl
- ★ Kakaopulver
- ★ Kieselsteine oder Murmeln

Methode

1. Stelle die Auflauf- oder Kuchenform mittig auf die Unterlage (großes Tuch o. ä.).
2. Schütte so viel Mehl in die Form, dass der Boden 3–5 cm hoch bedeckt ist. Streiche das Mehl glatt.
3. Streue eine dünne Schicht Kakaopulver über das Mehl. Nun ist deine Mondoberfläche fertig.
4. Lass die Steine oder Murmeln (das sind deine „Asteroiden") aus verschiedenen Höhen in die Form fallen bzw. wirf sie aus verschiedenen Winkeln hinein. Pass auf, dass nichts Zerbrechliches in der Nähe ist!
5. Nimm vorsichtig alle Wurfgeschosse wieder heraus und betrachte, was mit der Oberfläche passiert ist.

Was steckt dahinter?

Das Aufprallen der Steine und Murmeln auf dem Mehl-Kakao-Gemisch simuliert, wie der Mond seine **Krater** bekommen hat. Jedes Objekt hinterlässt je nach Größe, Geschwindigkeit und Winkel andere Spuren.

IM ECHTEN LEBEN

Alle Kreise, die auf der Mondoberfläche zu erkennen sind, sind Krater, entstanden durch den Aufprall von Asteroiden und Weltraumraketenteilen. Die hellen Streifen rund um die Krater („Strahlensystem" genannt) bestehen aus dem pulverisierten Material, das aus den Kratern herausgeschleudert wurde.

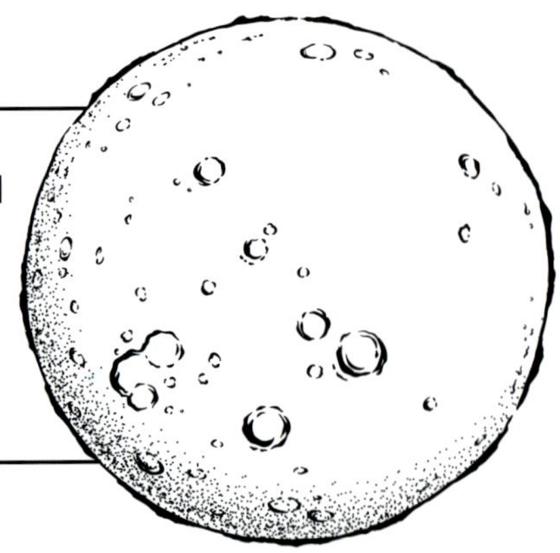

Forsche weiter!

Wie wirken sich Größe und Gewicht der „Asteroiden" auf den Krater aus?

Versuche, dasselbe Objekt aus zwei verschiedenen Höhen fallen zu lassen und vergleiche die Krater. Experimentiere mit verschiedenen Flugbahnen (Winkel, Bewegungskurve).

ZIMMER-REGENWOLKE

Übernimm die Kontrolle über die Wolkenbildung, indem du eine Regenwolke heraufbeschwörst.

Verwende ein Tablett, um Flecken zu vermeiden.

15 Minuten

Materialien

- ★ hohes, durchsichtiges Glasgefäß
- ★ Wasser
- ★ Dose Rasierschaum
- ★ kleine Tasse/Schüssel
- ★ blaue Lebensmittelfarbe
- ★ Löffel oder Pipette

Methode

1. Fülle das Glas zu etwa ¾ mit Wasser.
2. Spritze eine „Wolke" aus Rasierschaum oben auf das Wasser.
3. Nimm die kleine Schüssel, fülle etwas Wasser hinein und färbe es mit einigen Tropfen Lebensmittelfarbe.
4. Tropfe per Löffel oder Pipette etwas gefärbtes Wasser auf die Wolke, bis es unterhalb der Wolke austritt.

Was steckt dahinter?

Wenn du blaues Wasser auf den Rasierschaum gibst, kann dieser eine kleine Menge aufnehmen. Aber je mehr Wasser hinzukommt, desto schwerer wird der Schaum – bis es unten heraustropft. Genauso fällt Regen aus echten Wolken, wenn kleine Wassertröpfchen sich zu größeren Tropfen vereinigen und zu schwer werden, um in der Luft schweben zu können.

IN DER NATUR

Rasierschaum ist deine „Wolke", blaues Wasser dein „Regen", aber in der Natur besteht beides aus Wasser. Wolken sind eine Ansammlung von **Wasserdampf** und winzigen Wassertröpfchen hoch oben im Himmel. Der gasförmige Wasserdampf ist leicht genug, um in der Luft zu schweben, aber wenn das Wasser wieder flüssig wird, zieht die Schwerkraft es nach unten – als Regentropfen.

Forsche weiter!

Wie beeinflusst die Menge an Rasierschaum die Zeit, bis es im Glas anfängt zu „regnen“? Stelle zwei identische Gläser auf und fülle in eines mehr Schaum als ins andere. Betropfe beide mit gefärbtem Wasser und notiere in deinem Protokollheft, wie lange es jeweils dauert, bis es unten als Regen austritt.

WINDFAHNE

Wenn es draußen stürmt, ist das der ideale Tag, um sich mit Wind und Wetter zu befassen.

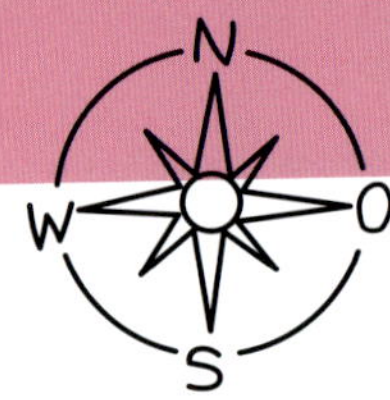

Vorsicht

Lass dir beim Schneiden und Durchbohren des Trinkhalms helfen.

30 Minuten

Materialien

- ★ Kompass
- ★ Filzstift
- ★ Pappquadrat oder Pappteller
- ★ Modelliermasse
- ★ spitzer Bleistift mit Radiergummi-Aufsatz
- ★ Schere
- ★ Trinkhalm aus Papier oder Plastik
- ★ Tonkarton für den Windrichtungsgeber
- ★ Stecknadel

Methode

1 Beschrifte mithilfe eines Kompasses den Pappteller bzw. das Pappquadrat mit den Himmelsrichtungen: Norden, Osten, Süden und Westen, dann Nordosten, Südosten, Südwesten und Nordwesten. Dies ist die Basis deiner Windfahne.

2 Drücke einen Klumpen Modelliermasse auf die Mitte der Papp-Basis und stecke das spitze Ende des Bleistifts tief hinein, sodass er senkrecht steht, mit dem Radiergummi nach oben.

3 Schneide vorsichtig einen geraden, ca. 2,5 cm langen Schlitz durch die Mitte beider Trinkhalmenden.

Schritt 2

Schritt 6

4 Zeichne auf den Tonkarton ein großes Dreieck als Pfeilspitze und ein Quadrat für den „Schwanz" der Windfahne.

5 Schneide Pfeil und Quadrat aus.

6 Stecke den Pfeil auf das eine geschlitzte Ende des Trinkhalmes und das Quadrat auf das andere Ende.

7 Lege den Trinkhalm waagerecht so hin, dass Pfeil und Quadrat hochkant stehen, und drücke die Stecknadel durch die Mitte des Trinkhalms in den Radiergummi. Drücke die Stecknadel nur so tief hinein, dass der Trinkhalm zwar fest sitzt, sich aber noch frei drehen kann.

8 Suche dir draußen eine flache, offene Stelle, um deine Windfahne zu testen. Beschwere die Ecken oder Ränder der Basis mit Steinen. Lege deinen Kompass daneben. Der rote Pfeil zeigt immer nach Norden; nutze diese Information, um die Basis korrekt auszurichten.

9 Tritt zurück und beobachte.

Was steckt dahinter?

Wenn ein Windstoß die Wetterfahne trifft, drückt er gegen die große Oberfläche des Quadrats. Das Quadrat bewegt sich, bis es direkt im Luftstrom liegt und der Druck von beiden Seiten gleich stark ist. Dies dreht die ganze Windfahne und führt dazu, dass der Pfeil in die Richtung zeigt, aus der der Wind kommt.

IM ECHTEN LEBEN

Meteorolog*innen (sie erforschen das Wetter und das Klima) können vorhersagen, wie das Wetter in den nächsten Tagen oder Wochen sein wird. Die Prognose stützt sich auch auf die Windrichtung: Auf der Nordhalbkugel bringt Wind aus südlicher Richtung meist warmes Wetter, während Nordwind kaltes Wetter aus der arktischen Region bringt.

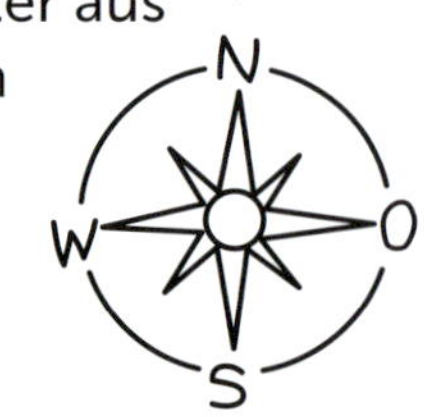

Schritt 7

Tipp
Bring deine Windfahne ins Haus, wenn es anfängt zu regnen.

Forsche weiter!

Stelle deine Windfahne an verschiedenen Tagen draußen auf und beobachte, was passiert. Verfolge an einem Tag den Wetterbericht und prüfe mithilfe deiner Windfahne, ob der Wind aus der angekündigten Richtung weht.

Was passiert, wenn du Pfeil und Quadrat von der Windfahne entfernst?

BODENPROBE

Er sieht vielleicht langweilig aus, aber der Boden unter deinen Füßen hat viel zu erzählen!

Lass das Glas bei diesem Experiment draußen stehen.

20 Minuten für die Vorbereitung

1–2 Stunden warten und beobachten

Materialien

- ★ Gartenerde
- ★ Glasgefäß
- ★ Wasser
- ★ Stock von draußen

Methode

1 Fülle das Glas zu etwa einem Drittel mit Erde. Entferne große Äste oder Steine. Lass das Glas 10 Minuten auf der Seite liegen, damit Käfer etc. entkommen können.

2 Fülle das Glas mit Wasser auf.

3 Rühre mit einem Stock gründlich um und lass das Glas dann ein bis zwei Stunden stehen.

4 Beobachte, wie der Boden sich im Glas abgesetzt hat. Nach dem Experiment kannst du die Erde einfach dorthin zurückbringen, wo du sie gefunden hast.

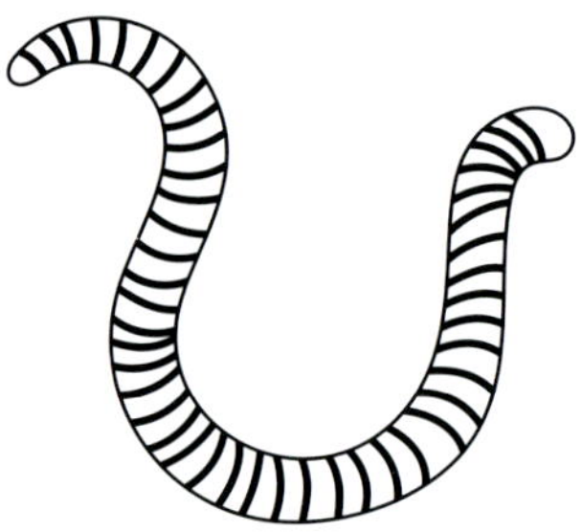

Was steckt dahinter?

Unser Erdreich besteht aus verschiedenen Bestandteilen wie Sand, Lehm und verrottenden Blättern. Je nach Standort ist die Zusammensetzung anders. Meistens ist alles miteinander vermischt, aber das Wasser hilft, die einzelnen Stoffe zu trennen, damit du sie sehen kannst. Die schweren Bestandteile sinken zu Boden, während leichtere Materialien in der Mitte oder an der Oberfläche schwimmen.

IM ECHTEN LEBEN

Wissenschaftler*innen nehmen zu verschiedenen Zwecken Bodenproben. Sie prüfen z. B., ob ein Ackerboden genügend Nährstoffe enthält, um etwas anzubauen, oder ob giftige Stoffe im Boden lauern.

Forsche weiter!

Miss mit einem Lineal oder Maßband die Höhe der einzelnen Schichten im Glas.

Wiederhole den Versuch mit anderen Bodenproben. Sammle Erde vom Schulhof – natürlich nachdem du die Erlaubnis eingeholt hast! – und vergleiche. Schreibe die Ergebnisse in dein Protokollheft.

WANDELBARES WASSER

Meer, Wolken, Regen – der ganze Wasserkreislauf in einem einzigen Beutel!

Vorsicht
Lass dir von einer erwachsenen Person dabei helfen, den Beutel zu füllen und ans Fenster zu kleben.

10 Minuten für die Vorbereitung

2–24 Stunden für die Beobachtung, je nach Wetter

Materialien

- ★ Permanentmarker
- ★ Zip-Beutel
- ★ kleine Tasse
- ★ Wasser
- ★ Löffel
- ★ blaue Lebensmittelfarbe
- ★ starkes Klebe- oder Kreppband
- ★ große Schüssel

Methode

1. Male mit dem Permanentmarker Wolken und eine Sonne auf den Zip-Beutel.
2. Fülle die Tasse mit Wasser und rühre einige Tropfen Lebensmittelfarbe hinein.
3. Gieße das gefärbte Wasser vorsichtig in den Beutel und verschließe ihn luftdicht.
4. Klebe den Beutel an eine sonnige Fensterscheibe. Stelle die Schüssel darunter für den Fall, dass das Klebeband sich löst.
5. Was hat sich nach 2 Stunden/über Nacht verändert?

Was steckt dahinter?

Durch die Sonnenenergie verwandelt sich ein Teil des flüssigen Wassers in gasförmigen Wasserdampf. Diesen Vorgang nennt man **Verdunstung**. Das Gas steigt nach oben, kann aber nicht aus dem geschlossenen Beutel entweichen. Durch den Kontakt mit den Wänden des Beutels kühlt der Dampf so weit ab, dass er **kondensiert** (wieder flüssig wird).

IN DER NATUR

Wasser an der Oberfläche von Seen, Flüssen und Meeren wird von der Sonne erwärmt. Das Wasser verdunstet, der Wasserdampf steigt auf in die Atmosphäre und bildet Wolken. Wenn die Wolken in kühlere Luft gelangen, kondensiert das Wasser zu Tröpfchen. Diese werden irgendwann zu schwer, um in der Luft zu bleiben, und fallen als Regen herab.

Stelle ein Tablett unter, um Flecken zu vermeiden.

Forsche weiter!

Präpariere zwei identische Beutel und klebe sie an unterschiedlich ausgerichtete Fenster. Sind nach ein paar Stunden Unterschiede zu sehen?

Was passiert, wenn du das Experiment an einem Tag mit anderer Witterung durchführst?

Beeinflussen Beutelgröße oder Wassermenge das Ergebnis?

SOLAROFEN-SNACK

Die Sonne ist die wichtigste Wärmequelle der Erde. Nutze ihre Energie, um dir eine leckere Süßigkeit zuzubereiten!

Vorsicht
Das Ausschneiden des Kartons und das Hantieren mit den heißen Snacks sollten Erwachsene übernehmen.

20 Minuten für die Vorbereitung
30–60 Minuten Wartezeit

Materialien

- ★ Schere
- ★ Pizzakarton oder ein anderer flacher Karton mit Klappdeckel
- ★ Stück Alufolie, so groß wie der Deckel
- ★ mattes, schwarzes Ton-/Bastelpapier
- ★ Klebeband oder Klebestift
- ★ Stück Klarsichtfolie, so groß wie der Deckel
- ★ Marshmallows
- ★ Kekse mit Schokoglasur
- ★ Teller
- ★ 2 Stützstäbe (Holzspieße, Stricknadeln, Essstäbchen ...)

Methode

1 Schneide vorsichtig eine Klappe in den Deckel des Kartons, sodass an drei Seiten ein mindestens 2,5 cm breiter Rand stehen bleibt (siehe Abbildung unten).

2 Beklebe die Innenseite der Klappe mit Alufolie und den Boden des Kartons mit schwarzem Papier. Die Alufolie sollte möglichst glatt sein und eng anliegen.

Schritt 1

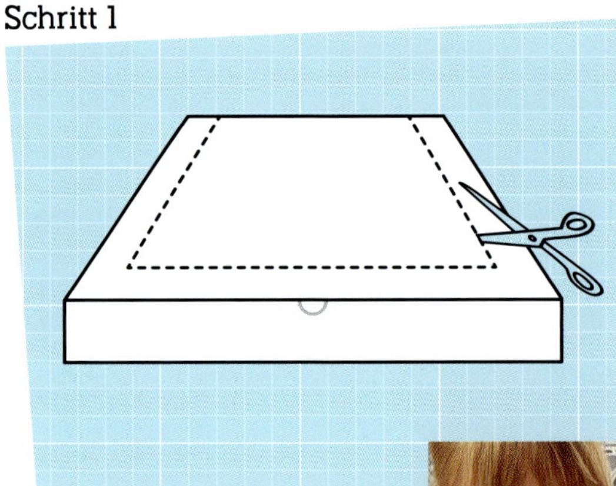

Schritt 2

Tipp

Führe dieses Experiment an einem warmen, sonnigen Tag durch.

YUM!

3 Belege die Kekse mit Marshmallows, lege sie auf einen Teller und stelle ihn in den Karton.

4 Spanne die Klarsichtfolie über die Öffnung und klebe sie fest (wie auf Seite 145 zu sehen).

5 Stelle den Karton direkt in die Sonne, öffne die Klappe und stelle ihn so, dass sie die Sonnenstrahlen direkt in den „Ofen" reflektiert.

6 Klemme und/oder klebe die Stäbe rechts und links an der Klappe fest (siehe Seite 145), um sie offen zu halten.

7 Warte 30–60 Minuten, dann genieße deine leckere Süßigkeit!

Vorsicht

Die Aluminiumfolie wird ziemlich warm. Pass auf, dass du sie nicht berührst, wenn du die Kekse aus dem Ofen holst! Bitte eine erwachsene Person um Hilfe.

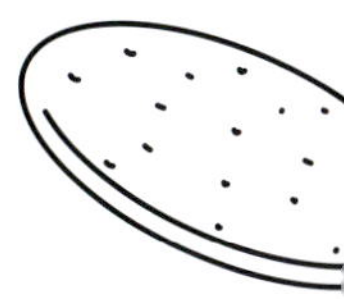

Was steckt dahinter?

Die Sonnenoberfläche ist unglaubliche 5.500°C heiß. In den acht Minuten, die ihre **thermische** Energie braucht, um die Strecke zur Erde zurückzulegen und die Erdatmosphäre zu durchdringen, verliert sie deutlich an Intensität. An einem sonnigen Tag reicht die Kraft der Sonne trotzdem aus, um Marshmallows zum Schmelzen zu bringen. Die Alufolie reflektiert die Strahlen und leitet die Wärmeenergie direkt zu den Marshmallows um. Das schwarze Papier absorbiert zusätzlich die Wärme und hält das Innere des „Ofens" warm.

IM ECHTEN LEBEN

Wir können die Energie der Sonne nicht nur für Solaröfen nutzen: Sonnenkraft ist eine **erneuerbare Energie**, die direkt aus den Sonnenstrahlen kommt, d. h. es sind keine fossilen Ressourcen wie Öl oder Kohle beteiligt. Sonnenkollektoren fangen die Energie ein und nutzen die Wärme z. B., um ein Gebäude oder Wasser zu erwärmen. Auch Stromerzeugung ist möglich.

Forsche weiter!

Wie wirkt sich die Größe des Kartons auf die Funktion des Solarofens aus? Was ist mit der Größe der Klappe?

Nachdem du alle Lebensmittel aus dem Ofen herausgenommen hast, lege zwei Wachsmalstifte hinein, einen auf eine Metall-Unterlage, den anderen auf einen Plastikteller. Sieh nach einer Stunde nach und vergleiche ihren Zustand mit den Marshmallows.

LUFTBALLONRAKETE

Mach dich auf einen explosiven Start gefasst, während du den **Antrieb** einer Rakete erforschst.

15–30 Minuten

Materialien

- ★ Trinkhalm
- ★ stabiler Bindfaden, mind. 3 m lang
- ★ 2 Möbelstücke in gleicher Höhe (z. B. Stühle oder Tischbein und Türklinke)
- ★ Maßband
- ★ Luftballon
- ★ Klebeband

Methode

1 Fädle den Bindfaden durch den Trinkhalm (s. Abb.).

2 Knote die Fadenenden an zwei Möbelstücken fest, die etwa 3 m voneinander entfernt und ungefähr gleich hoch sind (prüfe die Höhe mit dem Maßband). Die Schnur muss straff gespannt sein.

3 Puste den Luftballon auf und halte seinen Hals zu, sodass keine Luft entweicht – nicht verknoten!

4 Halte den Luftballon waagerecht unter die Schnur und klebe ihn am Trinkhalm fest (siehe Foto rechts).

5 Schiebe die Luftballonrakete ans Ende des Fadens (der Hals zeigt Richtung Befestigung) und lass los.

Schritt 1

Forsche weiter!

Wirken sich Größe und Form des Luftballons auf seine Fortbewegung aus?

Was passiert, wenn du den Winkel der Schnur änderst? Befestige ein Ende höher als das andere und lass die Rakete nacheinander von beiden Enden starten.

Was steckt dahinter?

Durch das Aufpusten dehnt sich der Luftballon und füllt sich mit Gas, das unter Druck steht. Wenn du ihn nicht mehr zuhältst, strömt die Luft rasch durch die kleine Öffnung heraus, nach hinten, und drückt gegen die umgebende Luft. Dadurch wird die Rakete nach vorne geschoben. Die Erklärung hierfür liefert das dritte Newtonsche Gesetz, das besagt: zu jeder Kraft gibt es eine gleich große, aber entgegengesetzt gerichtete Kraft.

IM ECHTEN LEBEN

Bei echten Weltraumraketen kommt der Antrieb durch riesige Motoren, die enorme Mengen an Treibstoff verbrennen. Das Verbrennen des Treibstoffs erzeugt Gas, das mit Macht aus den Auslassöffnungen schießt und gegen den Boden drückt. Dadurch, dass das Gas nach unten drückt, wird die Rakete in den Himmel befördert und schließlich in den Weltraum.

TECHNIK-EXPERIMENTE

PROPELLER-SAMEN

Geflügelte Samen, wie wir sie von Ahornbäumen kennen, werden in der Luftfahrttechnik studiert, um Erkenntnisse für die Konstruktion von Fluggeräten zu gewinnen. Bastle deine eigenen „Samen" aus Papier und beobachte ihren Spiralflug.

10 Minuten

Materialien

- ★ Schere
- ★ Tonkarton (mind. 7,5 x 20 cm)
- ★ spitzer Bleistift
- ★ Lineal
- ★ Büroklammer

Methode

1 Schneide aus Tonkarton ein Rechteck aus, das 7,5 cm breit und 20 cm lang ist.

2 Zeichne mit Lineal und Bleistift die auf der Abbildung gezeigten Schnitt- und Falzlinien ein. Schneide mit der Schere entlang der eingezeichneten Schnittlinien.

3 Klappe in der unteren Hälfte die beiden Ränder nach innen, falte den so entstehenden dicken Streifen in der Mitte, klappe dessen Unterteil nach oben und schiebe eine Büroklammer darüber – das ist der „Samen".

4 Falte die beiden „Flügel" an den gestrichelten Linien in entgegengesetzte Richtungen.

5 Wirf deinen Flugsamen in die Luft und beobachte!

—— schneiden

------ falten

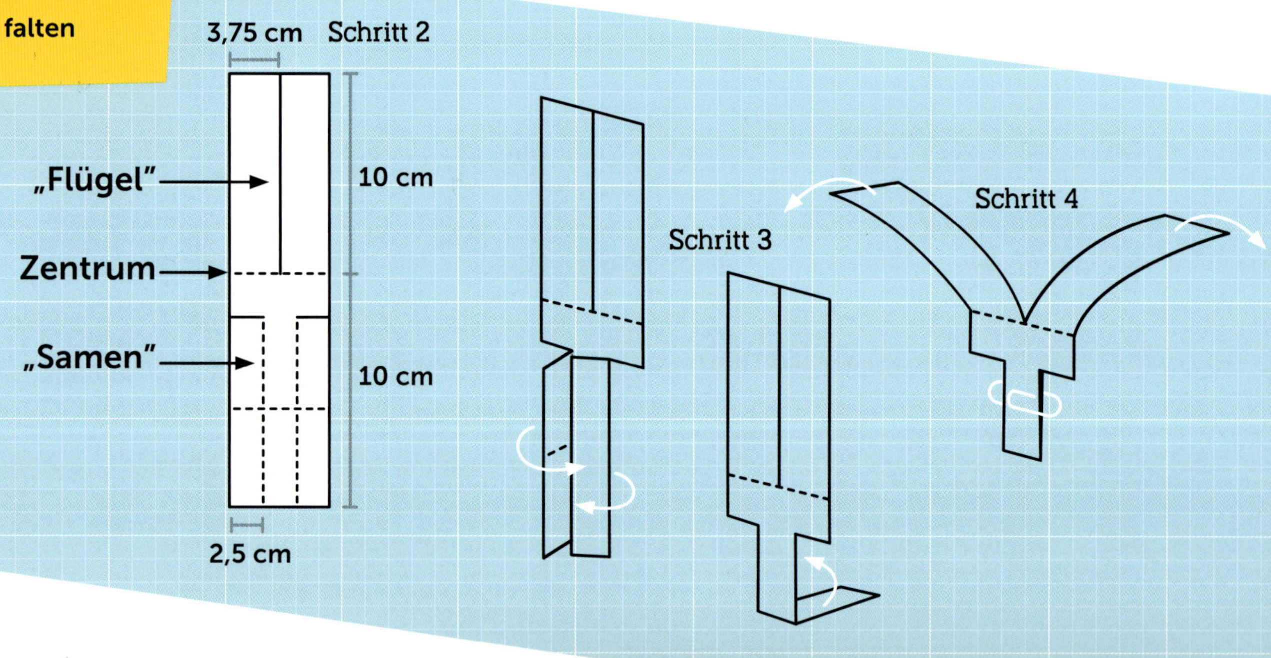

Was steckt dahinter?

Bäume haben ein Interesse daran, ihre Samen so weit wie möglich zu verbreiten. Wenn der geflügelte Samen vom Baum fällt, drückt die Luft von unten gegen die Flügel, und durch die unterschiedliche Ausrichtung der Flügel fängt der Samen an, sich zu drehen.

Forsche weiter!

Teste andere Flügelmodelle. Wie lange bleibt dein geflügelter Samen in der Luft, wenn die Flügel anders geformt sind? Schreibe deine Ergebnisse in dein Protokollheft.

KLEINES ÖKOSYSTEM

Erschaffe eine Welt im Kleinformat mit eigenem Wasserkreislauf!

30 Minuten

Materialien

- ★ großes Glasgefäß mit Deckel
- ★ Handvoll kleine Steine
- ★ Gabel
- ★ Aktivkohle, genug für eine 2,5 cm hohe Schicht im Glas
- ★ Komposterde (aus dem eigenen Garten oder gekauft), genug für eine 5–7 cm hohe Schicht im Glas
- ★ 1 oder 2 kleine Pflanzen, z. B. Mini-Sukkulenten/-Farne, die ins Glas passen
- ★ kleiner Klumpen lebendes Moos aus dem Wald oder Terrariummoos (online und in Fachgeschäften erhältlich)
- ★ Sprühflasche mit Wasser

Methode

1. Das Gefäß muss sauber und trocken sein.
2. Befülle es 2,5 cm hoch mit kleinen Steinchen.
3. Streue mit der Gabel eine genauso hohe Schicht Aktivkohle darüber.
4. Gib 5–7 cm Komposterde darüber und drücke sie flach.
5. Hebe mit der Gabel für jede Pflanze ein kleines Loch aus und stecke die Pflanze so hinein, dass alle Wurzeln bedeckt sind. (Die Gabel danach gründlich reinigen.) Drücke den Kompost rund um die Pflanzen fest.
6. Decke die Komposterde rund um die Pflanzen mit Moos ab.
7. Besprühe das Innere des Glases mit Wasser, bis alles feucht ist.
8. Verschließe das Glas mit dem Deckel – dein Terrarium oder Mini-Garten im Glas ist fertig!
9. Stelle dein Terrarium an einen hellen Ort ohne direktes Sonnenlicht, damit es nicht austrocknet. Prüfe täglich, ob es noch feucht (nicht nass!) ist, und öffne alle paar Tage den Deckel, um Luft ins Glas zu lassen.

Tipp

Besprühe dein Terrarium sparsam, um es feucht zu halten. Die Pflanzen sollen glänzen, aber nicht nass sein.

Was steckt dahinter?

Ein Terrarium ist wie ein kleines **Ökosystem** mit eigenem Wasserkreislauf: Das Wasser **verdunstet**, steigt nach oben, **kondensiert** am Deckel und läuft als Tropfen seitlich herab, in den Boden. Die Pflanzen bekommen, was sie zum Wachsen brauchen: Wasser und **Kohlenstoffdioxid**.

Forsche weiter!

Wie lange können deine Pflanzen im geschlossenen Gefäß überleben?

Was passiert, wenn du weitere oder andere Pflanzen hinzufügst? Braucht dein System mehr oder weniger Wasser?

IM ECHTEN LEBEN

In Terrarien oder Gewächshäusern können Pflanzen wachsen, denen es draußen z. B. zu kalt oder zu trocken wäre. Das größte Tomatengewächshaus Deutschlands steht in Wittenberg in Sachsen-Anhalt: Auf 15 Hektar wachsen rund 600.000 Pflanzen, die im Jahr bis zu 7 Millionen Kilo Tomaten produzieren – wetterunabhängig, regional und nachhaltig.

NUR FÜR VÖGEL!

Vögel brauchen Futter, und manchmal machen andere Tiere wie z. B. Eichhörnchen ihnen Samen und Nüsse streitig. Ein hängendes Futterhäuschen schafft hier Abhilfe und macht es dir außerdem leichter, sie vom Fenster aus zu beobachten!

Vorsicht
Lass dir beim Zerschneiden der Flasche helfen.

20 Minuten

Materialien

- ★ Filzstift
- ★ Plastikflasche, 500 ml
- ★ Schere
- ★ langer Bleistift/Stab
- ★ Reißzwecke
- ★ Streufutter für Wildvögel
- ★ stabiler Bindfaden, mindestens 60 cm

Methode

1 Zeichne mit dem Filzstift seitlich auf die Flasche ein Oval, das groß genug für einen kleinen Vogel ist (ca. 6 cm). Bitte eine erwachsene Person, das Oval mit der Schere herauszuschneiden.

2 Markiere mit dem Filzstift einen Punkt ca. 2,5 cm mittig unter der ausgeschnittenen Öffnung und in gleicher Höhe auf der Flaschenwand gegenüber. Bitte eine erwachsene Person, an diesen Stellen Löcher in die Flasche zu schneiden, die groß genug sind, dass der Bleistift bzw. Stab hindurchpasst.

Schritt 1

Schritt 3

3 Schiebe den Bleistift durch die Löcher. Er soll auf beiden Seiten herausragen, sodass ein Vogel darauf Platz findet.

4 Bohre mit der Reißzwecke kleine Löcher in den Flaschenboden, damit Regenwasser abfließen kann.

5 Fülle die Flasche durch die große Öffnung (Schritt 1) mit Vogelfutter.

6 Schraube den Deckel ab und bohre ein Loch in die Mitte, (z. B. mit einer spitzen Schere; lass dir dabei aber helfen). Fädle die Schnur durch das Loch und mache im Inneren des Deckels einen dicken Knoten in das Ende. Schraube den Deckel wieder auf die Flasche und hänge deinen Futterspender mithilfe der Schnur an einen Baum oder Zaun. Wähle den Platz so, dass du ihn vom Fenster aus gut sehen kannst.

Schritt 6

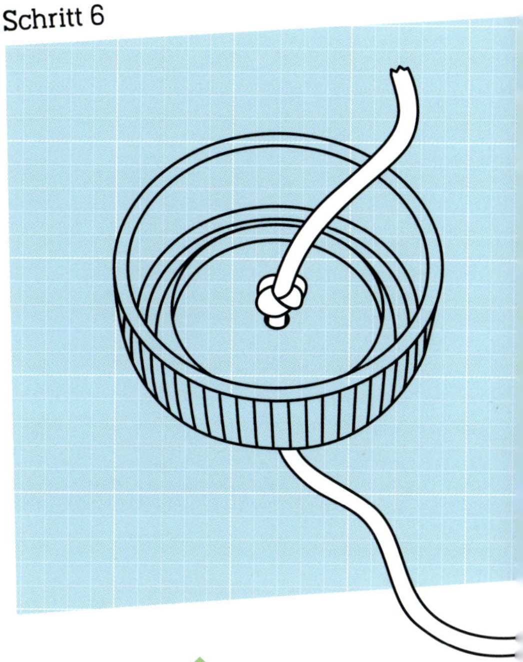

Was steckt dahinter?

Dieser Futterspender ist vor allem für kleine Vögel geeignet. Das Futter bleibt weitgehend trocken, da es in der Flasche ist. Die Aufhängung erschwert nicht nur Eichhörnchen den Zugang, sondern schützt die Vögel auch vor Katzen und anderen Räubern. Die Flasche lässt sich bei Bedarf leicht reinigen und trocknen.

Forsche weiter!

Es dauert eine Weile, bis eine neue Futterstelle angenommen wird. Wie viele Vögel kamen in der ersten Woche? Kennst du ihre Namen? Kommen andere Vögel, wenn du anderes Futter verwendest?

Was passiert, wenn es zwei Öffnungen gibt oder zwei Sitzstangen? Kommen zwei Vögel gleichzeitig? Schreibe es in dein Protokollheft.

Falls andere Tiere ans Futter gelangen: Wie könntest du sie davon abhalten? Vielleicht mit einem Drahtnetz?

IM ECHTEN LEBEN

In den Städten verlieren immer mehr Vögel ihr **Habitat** und damit ihre natürlichen Futterquellen. Mit Futterspendern in Parks und Gärten helfen wir heimischen Vögeln zu überleben.

TORNADOWARNUNG!

Wind kann heftig sein wie ein Tornado oder sanft wie eine laue Brise im Sommer. In diesem Experiment bastelst du einen Windmesser, um die Windgeschwindigkeit zu messen.

Vorsicht
Lass dir beim Ausschneiden der Löcher helfen.

30 Minuten

Materialien

- ★ stabile Wellpappe, groß genug für zwei Streifen der Größe 5 x 25 cm
- ★ Lineal
- ★ Schere
- ★ Tacker
- ★ 4 Pappbecher
- ★ stabiler Pappkarton, mind. 15 x 15 cm
- ★ stumpfer Bleistift mit Radiergummi-Aufsatz
- ★ Pinnnadel oder Reißzwecke
- ★ Aufkleber deiner Wahl (groß und bunt genug, um aufzufallen)
- ★ Stoppuhr

Methode

1 Zeichne zwei gleich große Rechtecke auf die Wellpappe auf: 5 cm breit, 25 cm lang. Schneide sie aus (oder bitte jemanden, sie auszuschneiden).

2 Lege die Streifen quer übereinander, sodass ein Kreuz entsteht, und tackere sie zusammen. Lass in der Mitte Platz für die Reißzwecke!

3 Platziere unter jedem Ende des Kreuzes einen Pappbecher und tackere sie fest (siehe Foto unten). Die Becher müssen alle gleich ausgerichtet sein, d. h. auf eine Öffnung folgt der Boden des nächsten Bechers.

Schritt 3

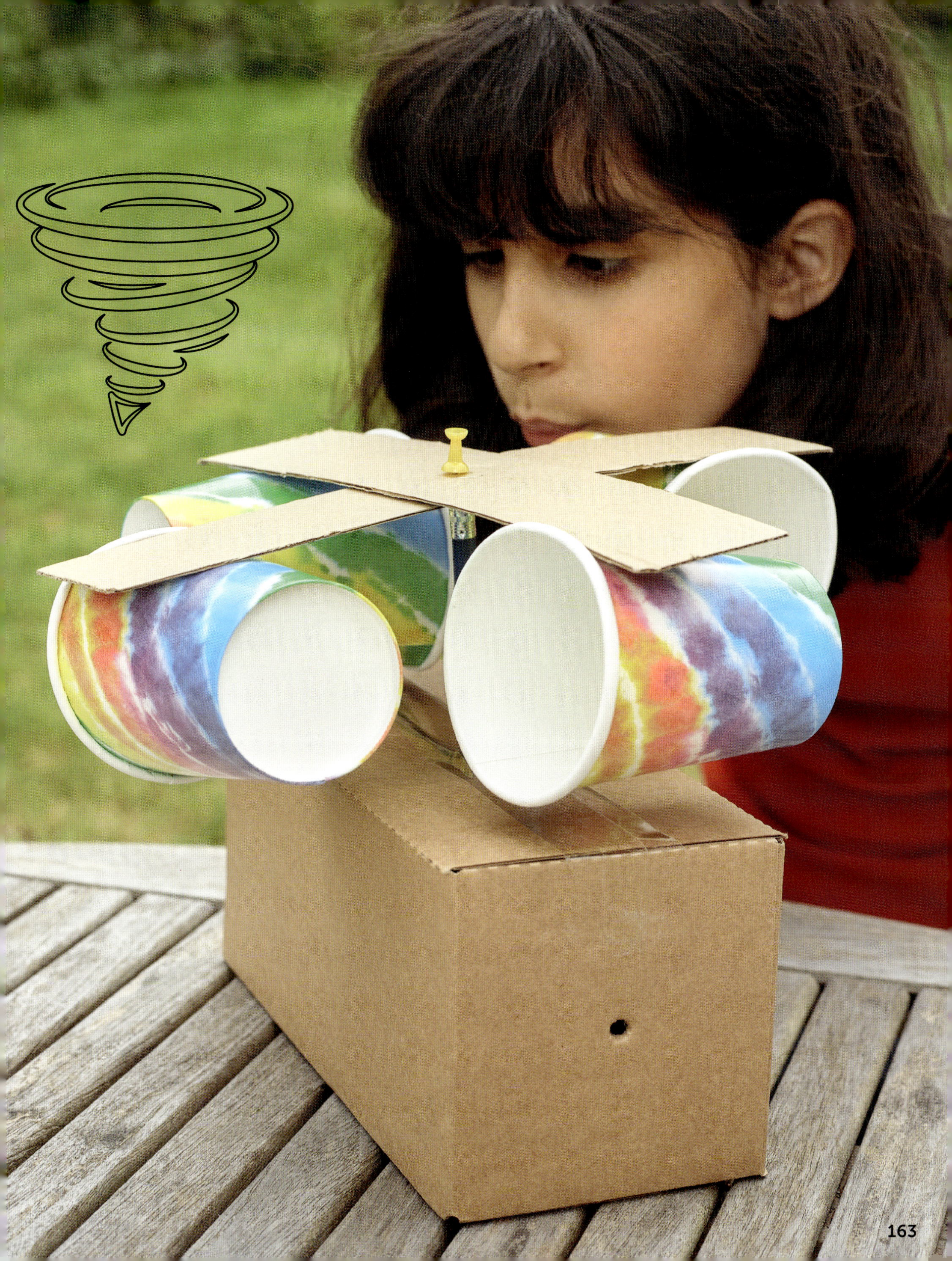

4 Bohre mit der Schere ein kleines Loch in den Boden der Pappschachtel, etwa von der Dicke des Bleistifts.

5 Stecke den Bleistift durch das Loch, mit dem Radiergummi-Ende nach oben.

6 Bohre die Pinnnadel durch die Mitte des Pappkreuzes und in den Radiergummi; das Kreuz muss sich drehen können.

7 Blase probeweise in einen Becher hinein. Dreht sich dein Windmesser nicht, vergrößere das Bleistift-Loch.

8 Klebe einen auffälligen Sticker auf einen der Becher und nimm deinen Windmesser mit nach draußen.

9 Zähle mithilfe der Stoppuhr, wie oft der Becher mit dem Aufkleber innerhalb einer Minute eine volle Runde dreht.

Was steckt dahinter?

Mit einem Windmesser, auch Anemometer genannt, lässt sich die Geschwindigkeit des Windes bestimmen. Die Becher fangen den Wind ein und drehen sich um den Stab in der Mitte im Kreis; eine volle Runde ist eine Umdrehung. Die Anzahl der Umdrehungen pro Minute ist ein Maß dafür, wie schnell der Wind weht.

IM ECHTEN LEBEN

Windmesser finden sich in allen Wetterstationen und helfen zu erkennen, wann eine Wetteränderung bevorsteht und sich z. B. ein Gewitter oder Tornado nähert. Pilot*innen greifen auf diese Informationen zurück, um ihre Fluggäste sicher ans Ziel zu bringen.

Forsche weiter!

Probiere deinen Windmesser an verschiedenen Standorten aus. Ändert sich die Windgeschwindigkeit?

Ist dir schon mal aufgefallen, wie sich der Wind von Tag zu Tag ändert? Miss eine Woche lang jeden Tag die Windgeschwindigkeit und beachte die Veränderungen. Notiere die Ergebnisse im Protokollheft.

Schritt 6

BEOBACHTUNGSBOX

Käfer und anderes Kleingetier sind nicht nur wichtig für die Natur, sondern auch faszinierende Lebewesen! Mit dieser selbst gebastelten Lupenschachtel kannst du dir die kleinen Krabbeltiere ganz genau anschauen.

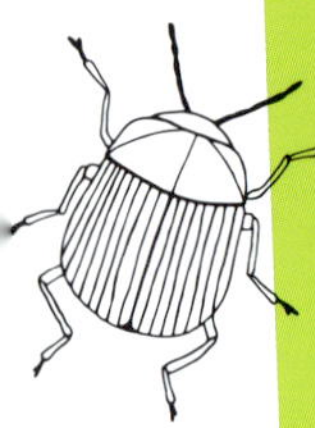

Vorsicht

Lass dir beim Schneiden der Löcher helfen.

10 Minuten

Materialien

- ★ Hand- oder Stiellupe
- ★ kleiner Pappkarton mit Deckel
- ★ Filzstift
- ★ Schere
- ★ Bastelkleber
- ★ Pinnadel
- ★ Klebeband
- ★ Zellophan, so lang wie deine Schachtel
- ★ Taschenlampe

Methode

1 Lege die Lupe mittig auf den Deckel der Schachtel und zeichne den Umriss des Vergrößerungsglases (meist ist es rund) mit Filzstift nach; wenn der Stiel am Rand übersteht, macht das nichts.

2 Bitte eine erwachsene Person, das *Innere* des aufgemalten Umrisses herauszuschneiden. Der ausgeschnittene Kreis soll etwas kleiner sein als der Umriss.

3 Lege die Lupe über das Loch und klebe ihren Rand mit Bastelkleber am Deckel fest.

4 Bohre mit der Pinnadel viele kleine Löcher in die Schachtel, damit Luft und Licht in die Box gelangen und die Tierchen atmen können.

5 Bitte die helfende Person, auf allen Seiten ein 3–5 cm großes Loch in die Schachtel zu schneiden. Klebe Zellophan über die Löcher. So gelangt noch mehr Licht ins Innere deiner Beobachtungsbox.

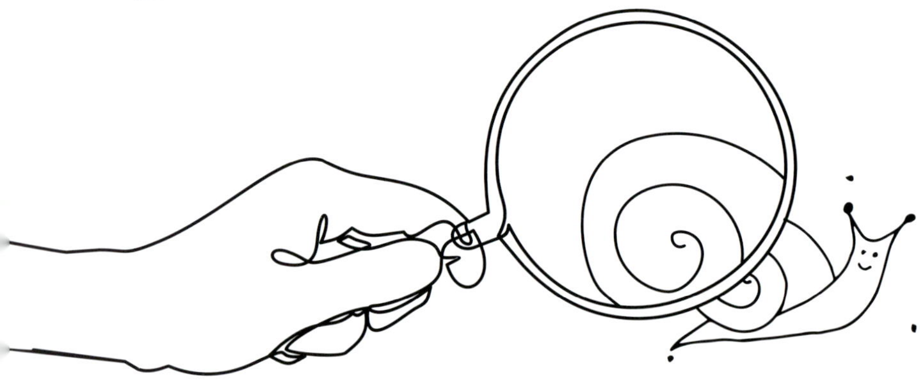

Vorsicht

Fange keine Insekten ein, die einen Stachel haben oder sehr empfindlich sind.

6 Um ein Insekt einzufangen, lege ein Stück reifes Obst in eine kleine Schale und lass sie draußen stehen. Ist ein Insekt in der Schale, drehe sie über der offenen Box vorsichtig um, damit das Tier hineinrutscht.

7 Ist das Krabbeltier in der Box, schließe den Deckel. Leuchte mit der Taschenlampe durch eine der seitlichen Öffnungen und schau durch die Lupe. Vergiss nicht, das Tier am Ende wieder freizulassen!

Was steckt dahinter?

Viele Insekten sind sehr klein, daher fällt es schwer, sie genau anzuschauen. Die Lupe vergrößert das betrachtete Objekt, die Schachtel verhindert, dass das Insekt flüchtet (manche sind sehr schnell!), und die seitlichen Löcher lassen Licht herein, um das Insekt besser sehen zu können.

IM ECHTEN LEBEN

Besonders kleine Tierchen werden unter dem Mikroskop studiert, damit man all ihre Körperteile erkennen kann. Die Zwergwespen zählen zu den kleinsten Insekten überhaupt; manche sind nur 0,3 mm groß.

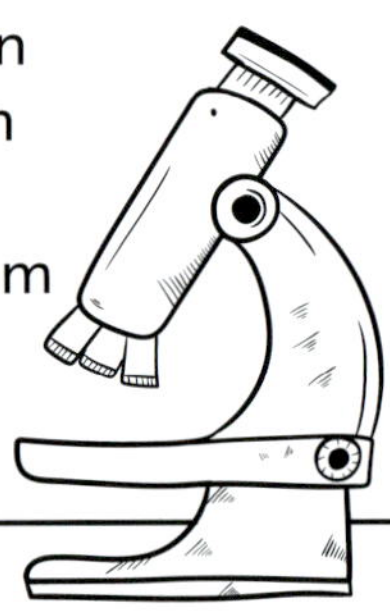

Forsche weiter!

Wie viele verschiedene Insekten findest du in eurem Garten?

Fülle Sand, Zweige oder Steine in die Schachtel, damit die Insekten näher an der Lupe sind.

Siehst du mehr, wenn du seitlich mit der Taschenlampe in die Box leuchtest?

WASSERUHR

Moderne Uhren, wie wir sie kennen, wurden im 14. Jahrhundert erfunden. Davor maß man mit Sand- oder Wasseruhren, wie die Zeit verging. Bastle deine eigenen Wasseruhr und bestimme selbst, in welcher Zeiteinheit du messen willst.

Vorsicht

Lass dir beim Zerschneiden der Flasche und Durchbohren des Deckels helfen.

10 Minuten

Materialien

- ★ Schere
- ★ 2-Liter-Plastikflasche mit Deckel
- ★ Pinnnadel
- ★ Stoppuhr
- ★ Krug mit Wasser, mind. 1 Liter
- ★ Permanentmarker

IM ECHTEN LEBEN

Die älteste erhaltene Wasseruhr wurde um das Jahr 1300 v. Chr. im Alten Ägypten gebaut. Sie diente den Priestern dazu, das Vergehen der Stunden bei Tage zu zählen.

Methode

1. Bitte eine erwachsene Person, die Plastikflasche etwa in der Mitte durchzuschneiden und ein kleines Loch durch den Plastikdeckel zu bohren (mit einer spitzen Schere). Schraube den Deckel wieder auf die Flasche.
2. Stecke die obere Flaschenhälfte mit dem Deckel nach unten in die untere Hälfte. Der Deckel darf den Flaschenboden nicht berühren.
3. Lege deine Stoppuhr bereit. Gieße Wasser in die Öffnung der oberen Flaschenhälfte (siehe Foto rechts) und starte die Stoppuhr.
4. Das Wasser tropft in die untere Flaschenhälfte. Wenn auf deiner Stoppuhr eine Minute vergangen ist, markiere den Wasserstand auf der unteren Flasche mit einem Strich und schreibe „1 Min." daran.
5. Markiere entsprechend die Wasserstände bei zwei, drei und eventuell weiteren Minuten.
6. Wenn deine Flasche groß genug ist, kannst du bis zu zehn Minuten lang so verfahren.
7. Wenn du fertig bist, leere das Wasser aus. Wiederhole den Versuch, um zu sehen, ob du richtig gemessen hast und die Markierungen stimmen.

Was steckt dahinter?

Deine Wasseruhr verwendet die Wassermenge, die durch ein kleines Loch fließt, um eine bestimmte Zeitspanne – z. B. eine Minute – zu messen.

Forsche weiter!

Bohre weitere Löcher in den Deckel. Wirkt sich die Anzahl der Löcher darauf aus, wie schnell das Wasser fließt?

Funktioniert diese Uhr mit allen Flüssigkeiten (Saft, Mineralwasser usw.) oder nur mit Wasser?

BALANCEAKT

Mit einer Balkenwaage kannst du messen, ob eine Sache schwerer oder leichter als eine andere ist. Alles, was du brauchst, sind zwei Pappbecher und ein Kleiderbügel.

Vorsicht
Lass dir beim Löcherbohren helfen.

10 Minuten

Materialien

* ★ 2 gleich große Pappbecher
* ★ Schere
* ★ Bindfaden (mind. 60 cm lang)
* ★ Kleiderbügel mit seitlichen Haken
* ★ Türklinke
* ★ Münzen, Schlüssel, Spielzeug u.a. Haushaltsgegenstände

Methode

1 Bohre mit einer spitzen Schere mit der Hilfe eines Erwachsenen in jeden Becher knapp unterhalb des Randes zwei sich gegenüberliegende Löcher, durch die der Bindfaden hindurchpasst.

2 Fädle ein ca. 30 cm langes Stück Bindfaden durch eines der Löcher, verknote das eine Ende und knote das andere Ende am anderen Loch fest. Der Faden sieht jetzt aus wie ein langer Tragegriff. Verfahre bei dem anderen Becher genauso.

3 Hänge den Kleiderbügel an die Türklinke und die Becher an die seitlichen Haken des Kleiderbügels.

4 Stelle sicher, dass der Kleiderbügel im Gleichgewicht ist: Die Becher hängen auf gleicher Höhe, der Kleiderbügel ist waagerecht.

5 Teste deine Waage, indem du in jeden Becher z. B. eine 1-€-Münze legst. Wenn die Becher im Gleichgewicht sind, funktioniert deine Waage. Wenn nicht, musst du die Länge der Fäden korrigieren. Ersetze eine Münze durch verschiedene Gegenstände wie Schlüssel, Spielfiguren usw., um zu sehen, ob sie schwerer oder leichter als 1 € sind.

Forsche weiter!

Findest du zwei verschiedene Gegenstände, die gleich schwer, aber unterschiedlich groß sind?

Was wäre, wenn einer der Becher größer wäre als der andere?

Was passiert, wenn ein Becher an einem kürzeren Faden hängt oder wenn der Kleiderbügel kleiner ist?

Wie viele Gegenstände passen in einen Becher, bevor er umkippt?

Was steckt dahinter?

Wenn die Becher leer sind, werden beide gleich stark von der **Gravitation** nach unten gezogen, sie befinden sich im Gleichgewicht. Sobald ein Becher mehr Gewicht enthält, zieht ihn eine größere Kraft nach unten, und der Kleiderbügel kippt. Der große Haken ist der **Drehpunkt**. Waagen dieses Typs kommen ohne Strom bzw. Batterie aus.

IM ECHTEN LEBEN

Schon vor vielen Tausend Jahren benutzten Landwirte und Händler Balkenwaagen, um den Wert ihrer Waren zu messen. Das Wägegut kam auf die eine Seite, die Eichgewichte auf die andere, bis die Waagschalen im Gleichgewicht waren.

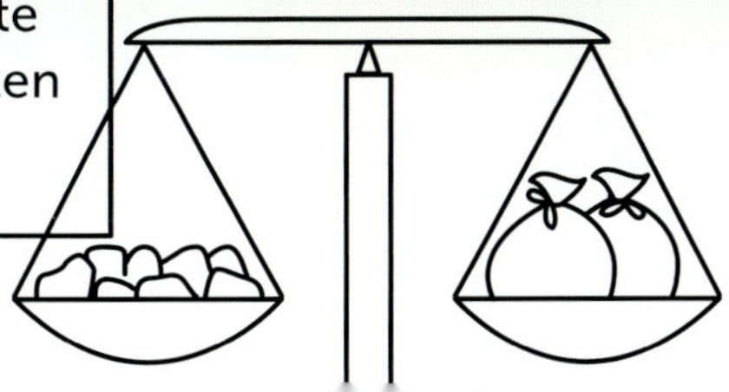

KINO KOPFÜBER

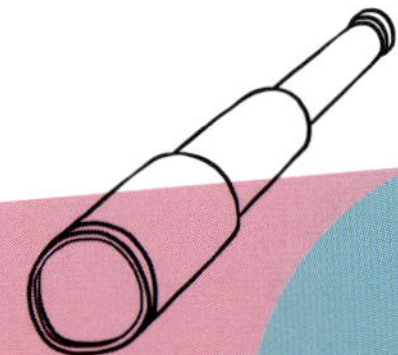

Bereits im 4. Jahrhundert v. Chr. beschrieb ein chinesischer Philosoph das Prinzip der Camera obscura. Bastle dir deine eigene Lochkamera und lass die Welt kopfstehen!

Vorsicht
Lass dir beim Durchstechen der Alufolie helfen.

10 Minuten

Materialien

- ★ Schere
- ★ Aluminiumfolie, um ein Ende der Papp-röhre zu umwickeln
- ★ 2 gleich große Pappröhren
- ★ Gummiband
- ★ Klebeband
- ★ Transparentpapier
- ★ Lineal

Methode

1 Verschließe das Ende einer Papprӧhre mit Alufolie. Bohre mit einer spitzen Schere ein kleines Loch in die Mitte und fixiere die Folie mit einem Gummiband.

2 Nimm die andere Papprӧhre. Schneide sie der Länge nach auf und schiebe die Seiten ineinander, sodass die Röhre schmaler wird.

3 Klebe die zerschnittene Röhre so zu, dass sie schmal genug ist, um in die erste Röhre hineinzupassen.

4 Verschließe ein Ende der schmaleren Röhre mit Transparentpapier und klebe es fest. Das Papier soll möglichst glatt an der Röhre anliegen.

5 Stecke die schmalere Röhre mit dem Transparent-papier voran in die größere Röhre, bis noch mindestens 5 cm von ihr hinten herausragen.

6 Halte die Camera obscura ans Auge und schaue nach draußen. Aber schau keinesfalls direkt in die Sonne!

Schritt 4

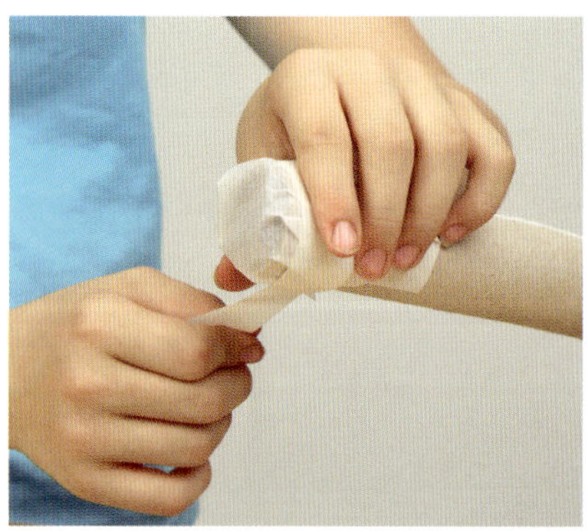

Schritt 5

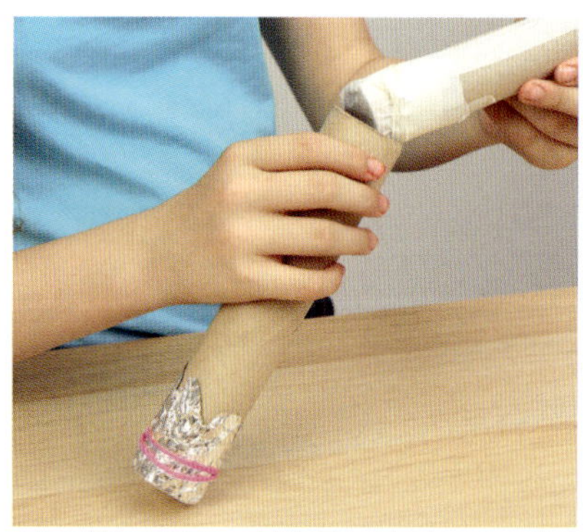

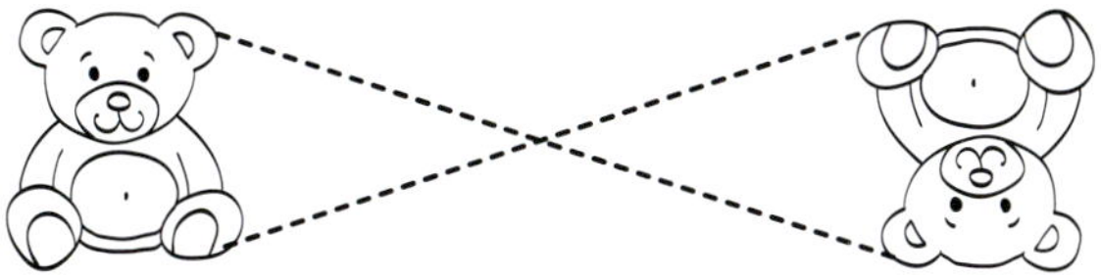

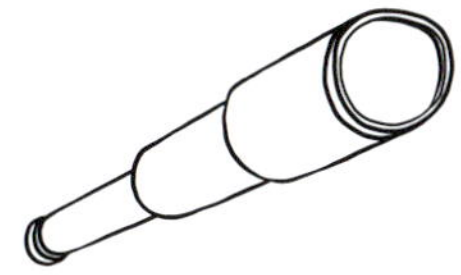

Was steckt dahinter?

Wenn es draußen hell ist, wird Licht von einem Objekt reflektiert. Dieses Licht fällt durch das kleine Loch, wandert durch die Röhre und trifft auf das Transparentpapier. Licht bewegt sich geradlinig. Der Winkel, in dem es durch das Loch tritt, lässt im Innern der Kamera ein umgekehrtes Bild entstehen. Das Bild, das du auf dem Transparentpapier siehst, steht auf dem Kopf und ist seitenverkehrt.

IM ECHTEN LEBEN

Der Gebrauch einer Camera obscura half vielen Künstler*innen, Landschaften zu malen, und führte schließlich zur Erfindung des ersten Fotoapparates.

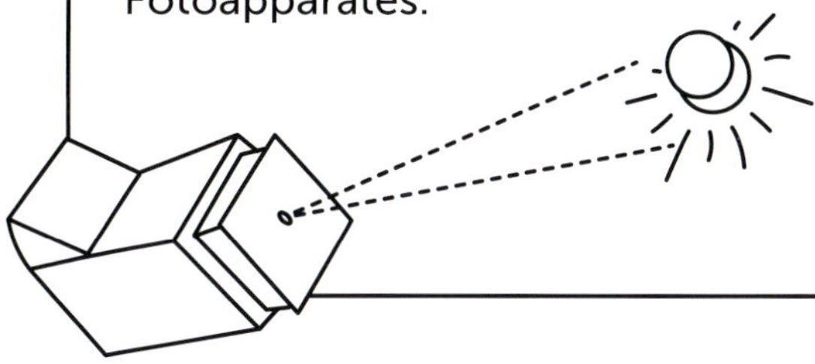

Forsche weiter!

Ändert sich etwas, wenn es mehrere kleine Löcher gibt?

Was siehst du, wenn du einen Schlitz in die Folie schneidest?

Ist das Bild bei sonnigem Wetter anders als bei Wolken?

Verändere den Abstand zwischen Folie und Papier.

SCHAU DICH UM!

Würdest du manchmal gerne sehen, was hinter dir geschieht, ohne dass du dich umdrehen musst? Diese ganz besondere Brille macht's möglich.

5 Minuten

Materialien

- ★ Spiegelkarton (in Bastelläden erhältlich)
- ★ spitzer Bleistift
- ★ Lineal
- ★ Schere
- ★ Locher
- ★ 2 Trinkhalme mit Knick (alternativ: 2 Gummibänder)
- ★ Klebeband

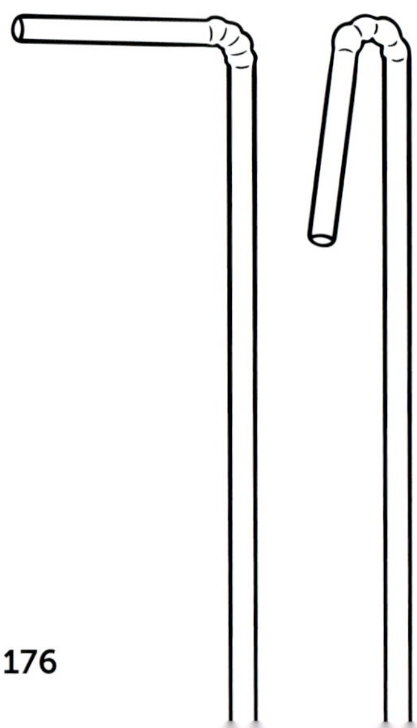

Methode

1. Schneide aus dem Spiegelkarton ein Rechteck aus, das etwa 30 cm lang und 7,5 cm breit ist.
2. Stanze mit dem Locher in jede der schmalen Seiten ein Loch, stecke die Trinkhalme hindurch und klebe deren unteres Ende am Spiegelkarton fest – das sind deine Brillenbügel.
3. Schiebe den geknickten Teil der Trinkhalme über deine Ohren (als würdest du eine Brille aufziehen) und schau in den Spiegelkarton. Was siehst du? Erkennst du, was die verzerrten Formen und Schatten sind?

Was steckt dahinter?

Licht bewegt sich nur in gerader Linie, wird aber von glänzenden Oberflächen wie dem Spiegelkarton reflektiert, und zwar im gleichen Winkel, in dem es auf die Fläche auftrifft. Über diesen Umweg gelangt das Licht in deine Augen. Dank seiner Form und Größe fängt der Spiegelkarton Licht aus vielen Winkeln ein, von Gegenständen hinter und seitlich von dir.

IM ECHTEN LEBEN

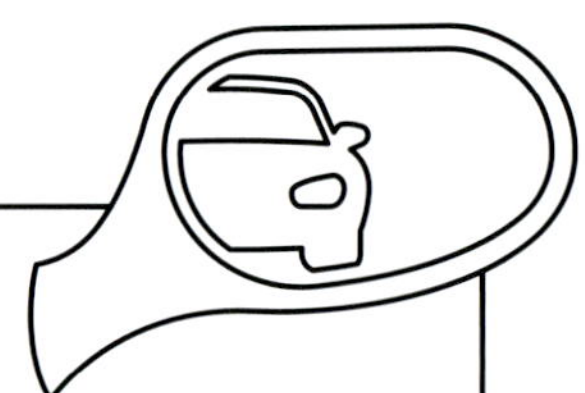

Die Seitenspiegel eines Autos sind gewölbt. So kann Licht aus einem größeren Bereich reflektiert werden, und die Person am Steuer sieht, was hinter dem Auto und seitlich davon geschieht, ohne den Kopf drehen zu müssen. Das erhöht die Sicherheit im Straßenverkehr.

Forsche weiter!

Was passiert mit dem Bild, wenn der Karton näher am Kopf ist?

Wie verändert sich die Sicht, wenn du die „Brille" seitlich verschiebst (links näher am Kopf und rechts weiter weg)?

GUMMIBANDGITARRE

Bastle eine einfache Gitarre aus Karton und finde heraus, wie aus Schwingungen Töne enstehen.

Vorsicht
Lass dir beim Ausschneiden helfen.

30 Minuten basteln
1 Stunde trocknen lassen

Materialien

- ★ rechteckige Taschentücher-Box
- ★ lange Pappröhre
- ★ spitzer Bleistift
- ★ Schere
- ★ Klebeband
- ★ Bastelkleber
- ★ 4 Holzstiele
- ★ verschieden große Gummibänder (alle weit genug, damit sie um die Box passen)

Methode

1 Entferne eventuelle Plastik- oder Papierreste von der ovalen Öffnung der Box.

2 Halte ein Ende der Pappröhre an eine der schmalen Seiten der Box und zeichne ihren Umriss ein.

3 Schneide – mithilfe einer erwachsenen Person – diesen Kreis aus.

4 Stecke die Pappröhre ca. 2,5 cm tief durch das runde Loch in die Box und befestige sie mit Klebeband. Das ist der Gitarrenhals.

5 Lege zwei Holzstiele aufeinander und klebe sie zusammen. Dann klebe sie am oberen Ende der ovalen Öffnung auf der Box fest, im rechten Winkel zum Gitarrenhals (siehe Foto rechts bzw. Abbildung Schritt 6). Etwa 30 Minuten trocknen lassen.

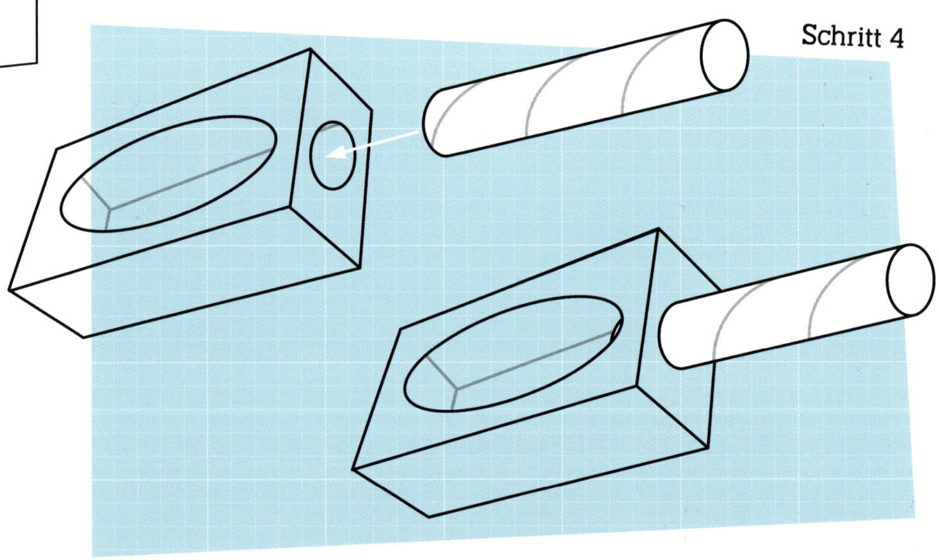

Schritt 4

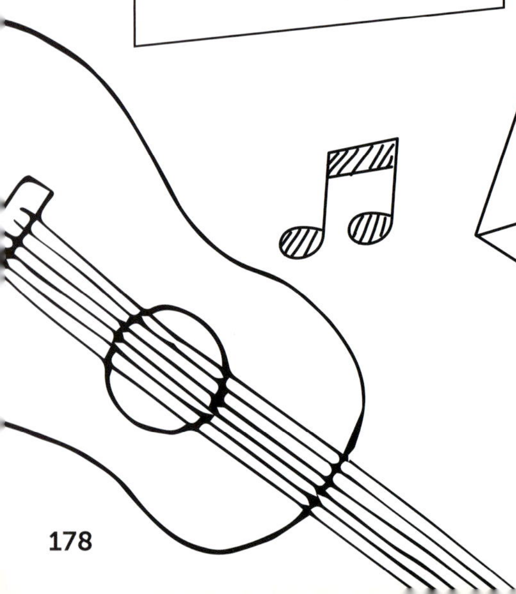

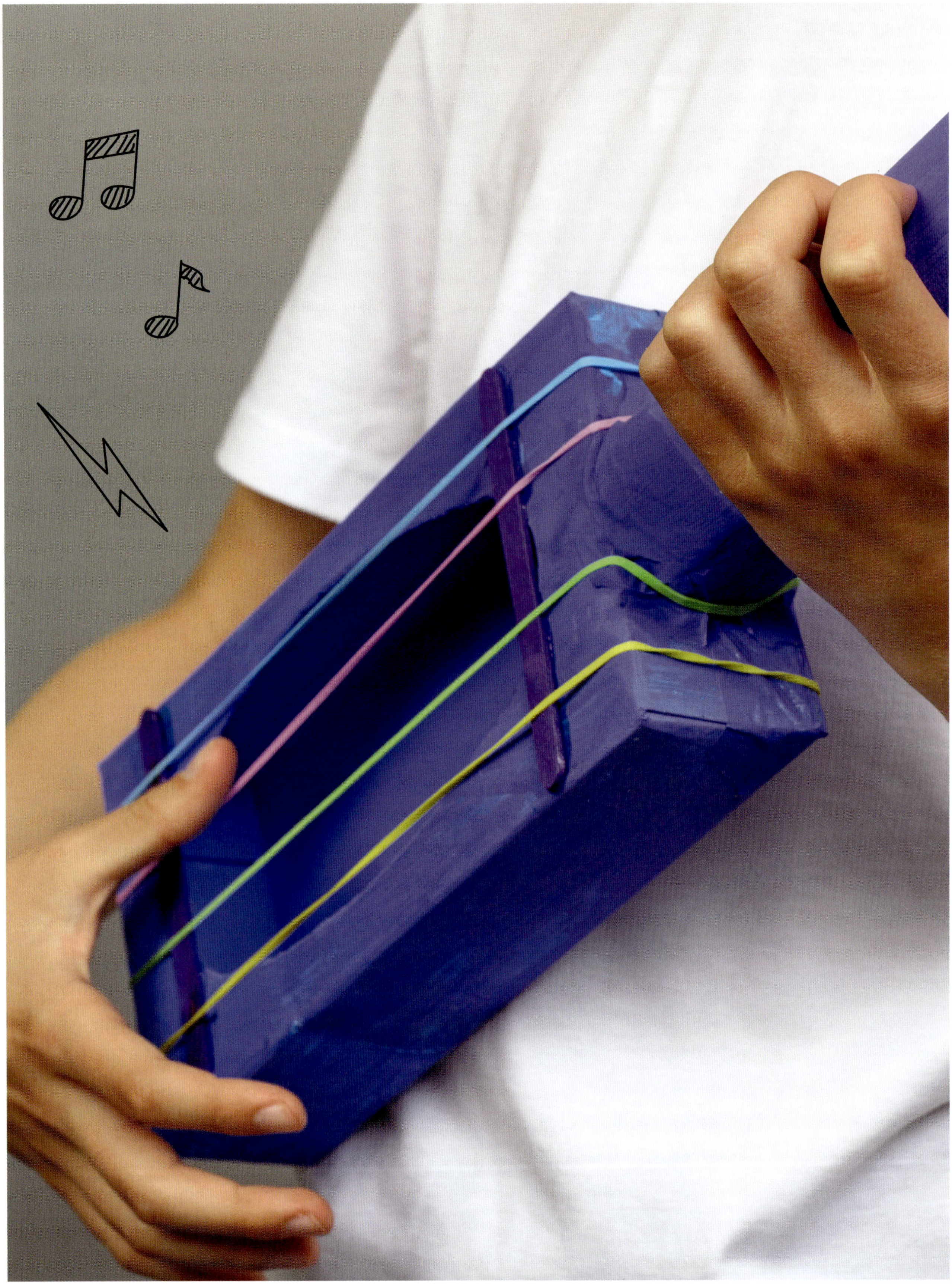

6 Verfahre mit den verbliebenen beiden Holzstielen genauso, aber klebe sie dieses Mal am unteren Ende der ovalen Öffnung fest, wieder im rechten Winkel zum Gitarrenhals (siehe Foto links). Lass alles gut trocknen.

7 Spanne zwei Gummibänder um die lange Seite der Box, rechts und links vom Gitarrenhals. Die Gummis müssen auf beiden Holzstegen aufliegen und die ovale Öffnung überspannen.

8 Spanne auf diese Weise zwei weitere, größere oder kleinere Gummibänder auf deine Gitarre.

9 Zupfe an den Gummibändern und höre hin, welche Töne sie erzeugen!

Schritt 6

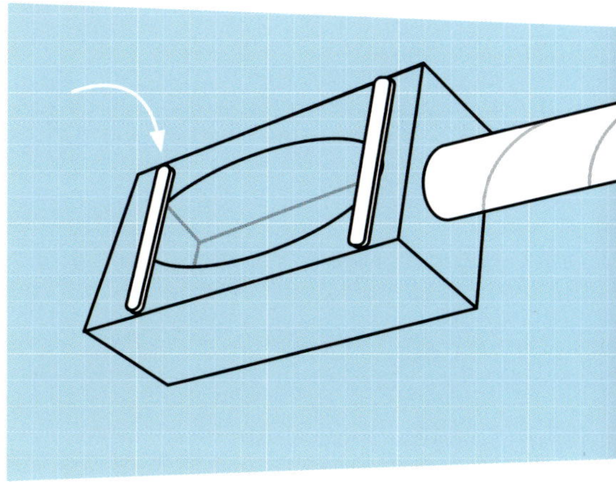

Was steckt dahinter?

Wenn du an einem der Gummibänder zupfst, wird eine **Schwingung** erzeugt, die Klang hervorbringt. Die Schwingungen verursachen Schallwellen, die zu unseren Ohren gelangen. Die Bänder schwingen, je nach Dicke, in einer anderen **Frequenz** und erzeugen dadurch unterschiedliche **Tonhöhen**. Dünnere Bänder schwingen schneller und erzeugen höhere Töne.

IM ECHTEN LEBEN

Instrumente wie Gitarre, Cello und Geige verwenden Saiten, um Klang zu erzeugen. Gitarrensaiten machte man früher aus Tierdärmen, da diese stabil und dehnbar waren. Heute haben E-Gitarren Saiten aus Nickel oder Edelstahl. Die Saiten klassischer Konzertgitarren bestehen aus Nylon – sie klingen ganz anders!

Forsche weiter!

Was passiert, wenn du ein Gummiband mit dem Finger auf den Steg drückst, während du es anzupfst?

Wie verändert sich der Klang, wenn du ein paar zusammengeknüllte Papiertücher in die Box stopfst?

Mit wie vielen unterschiedlich klingenden Gummibändern kannst du deine „Gitarre" bespannen?

EISSTIEL-HARMONIKA

Dieses einfache Musikinstrument macht Spaß und ist schnell gebastelt. Experimentiere mit verschiedenen Klängen!

5 Minuten

Materialien

- ★ Papierstreifen, wenig kleiner oder genauso groß wie die Holzstiele
- ★ 2 gleich große Holzstiele (Eisstiele)
- ★ Zahnstocher
- ★ Schere
- ★ 2 Gummibänder

Methode

1. Lege den Papierstreifen auf einen der Holzstiele.
2. Schneide den Zahnstocher in zwei Stücke, die so breit sind wie die Holzstiele (siehe Abbildung unten).
3. Lege jedes Zahnstocherstück an ein Ende des Papiers, etwa 1 cm vom Rand entfernt.
4. Lege den zweiten Holzstiel darauf, halte die Stiele fest und umwickele vorsichtig jedes Ende auf Höhe der Zahnstocher eng mit Gummiband, sodass nichts mehr verrutschen kann.
5. Halte deine Eisstielharmonika an den Enden fest und blase durch die Mitte. Probiere aus, wie die Töne sich verändern, wenn du beim Hineinblasen von einem Ende zum anderen wanderst.

Forsche weiter!

Was passiert, wenn du beim Hineinblasen die Harmonika in der Mitte zusammendrückst?

Wie ändert sich der Klang, wenn du in der Mitte weitere Zahnstocherstücke platzierst?

Was geschieht, wenn du einen zusätzlichen Papierstreifen auf die Zahnstocher legst?

Was steckt dahinter?

Wenn du durch die Stiele bläst, gerät das Papier in Schwingung. Dadurch werden Teilchen in der Luft angestoßen, es entsteht eine Schallwelle. Je kürzer das schwingende Stück Papier, desto höher der Ton.

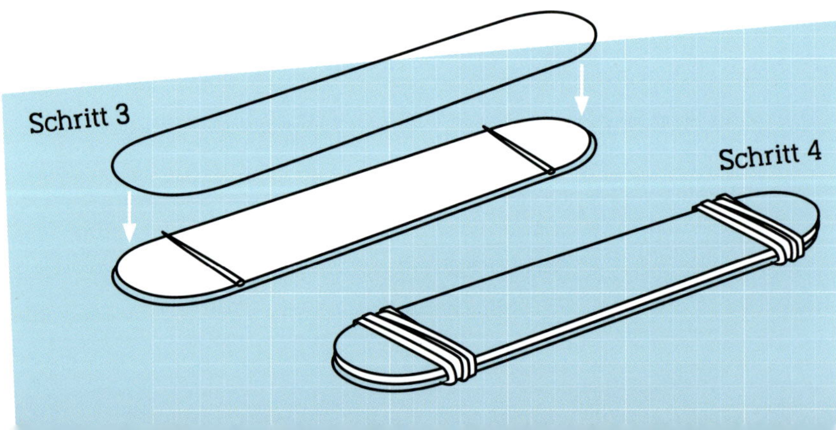

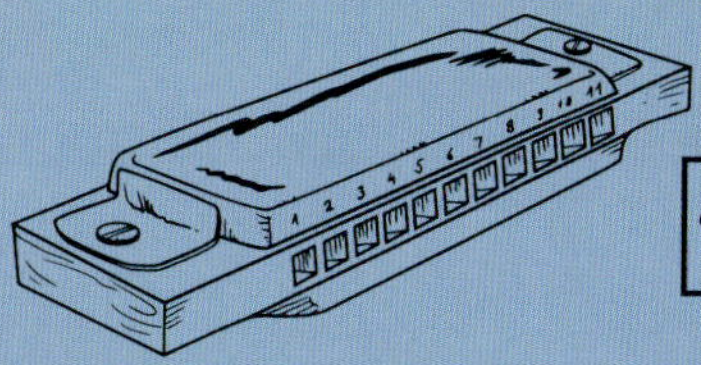

IM ECHTEN LEBEN

Die Mundharmonika ist das am häufigsten verkaufte Musikinstrument der Welt, und sie ist ganz einfach zu spielen! Wenn du in die Löcher bläst oder die Luft durch sie ansaugst, versetzt du die darin angebrachten metallenen Stimmzungen in Schwingung. Je nach Länge bringen die Stimmzungen tiefere oder höhere Töne hervor.

PERFEKTE WELLE

Eine Welle ist eine Schwingung, die sich im Raum ausbreitet. Wie bewegen Wellen sich fort, welche Formen können sie annehmen? Bei diesem tollen Experiment sind die Wellen nicht nur wunderschön, sondern auch teilweise essbar!

30 Minuten

Materialien

- ★ 2 Stühle, die ungefähr gleich hoch sind
- ★ 2 Streifen Malerkrepp, jeder ca. 1,80 cm lang
- ★ 35 Holzspieße
- ★ Päckchen Gummibärchen oder Ähnliches

Methode

1. Stelle die beiden Stühle in ca. 1,50 m Abstand auf.
2. Lege ein 1,80 cm langes Stück Malerkrepp mit der Klebefläche nach oben auf den Boden. Platziere darauf gleichmäßig alle 5 cm einen Holzspieß.
3. Klebe das andere Stück Malerkrepp von oben darüber, sodass die Spieße fixiert sind.

Schritt 3

Schritt 4

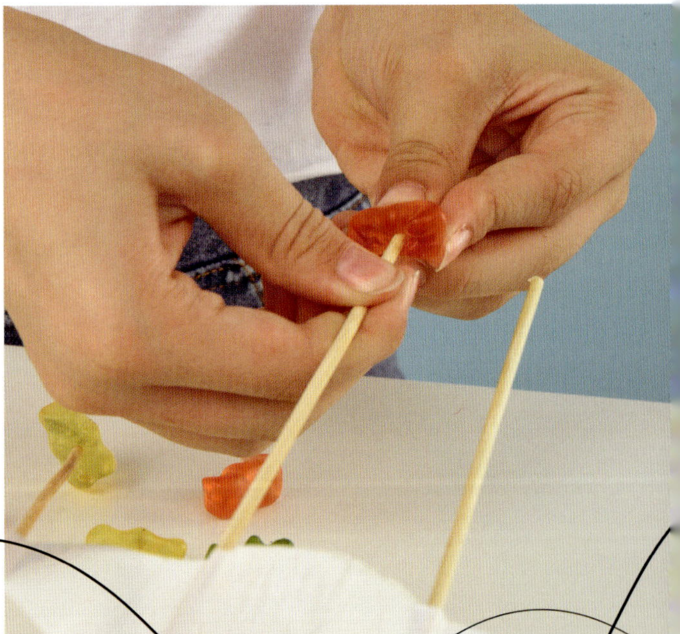

4 Stecke die Gummibärchen auf die Enden der Spieße.

5 Befestige die Enden der Kreppbandstreifen so an den Stühlen, dass das Band straff gespannt ist.

6 Um eine Welle durch die Spieße zu schicken, wackle leicht an einem Ende eines Spießes.

Forsche weiter!

Miss die Geschwindigkeit der Welle: Wie lange braucht sie von einem Ende zum anderen? Wie verändert sich ihr Tempo, wenn du die Gummibärchen weiter Richtung Spießmitte schiebst?

Was steckt dahinter?

Energie wird durch Wellen übertragen, aber diese Wellen können wir eigentlich nicht sehen. Dieses Experiment demonstriert, wie Energie in Form von Wellen eine Wegstrecke zurücklegt. Wird einer der Holzspieße nach oben oder unten gedrückt, wird Energie auf ihn übertragen. Der Spieß überträgt sie auf das Kreppband, von dort geht sie auf den nächsten Spieß über usw. Die Energie wandert das Band entlang bis zum anderen Ende, und wir sehen sie in Gestalt der geordneten Bewegung der Spieße und Gummibärchen.

IM ECHTEN LEBEN

Mit einem Oszilloskop kann man Schallwellen sichtbar machen und untersuchen. Es enthält ein Mikrofon, das Schallenergie in elektrische Energie umwandelt und ein Bild der Schallwelle erzeugt. So kann die Form und Größe der Welle betrachtet und analysiert werden.

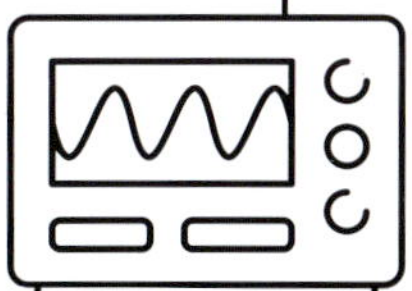

WAH, WAH, WAH!

Bei Blasinstrumenten wie Trompete, Horn oder Flöte entsteht der Klang – wie der Name schon sagt – durchs Hineinblasen. Experimentiere mit deiner selbst gemachten Posaune.

5 Minuten

Materialien

- ★ leere Wasserflasche
- ★ Trinkhalm

Methode

1 Fülle die Flasche bis etwa 5 cm unter den Rand mit Wasser.

2 Stecke den Trinkhalm hinein.

3 Halte die Flasche mit der einen Hand, den Trinkhalm mit der anderen. Blase von oben in das Röhrchen (s. Abb.) und bewege es dabei im Wasser auf und ab.

Was steckt dahinter?

Im Innern des Trinkhalms befindet sich eine Luftsäule. Wenn du von oben in ihn hineinbläst, bringst du sie zum Schwingen, und diese Schwingungen erzeugen den Klang. Ragt der Halm weit aus dem Wasser, befindet sich weniger Wasser und mehr Luft in ihm, der Ton ist tiefer. Steckt der Halm tiefer im Wasser, ist weniger Luft in ihm, und es wird ein höherer Ton erzeugt.

Forsche weiter!

Wie viele verschiedene Töne kannst durch das Heben und Senken des Trinkhalms erzeugen?

Ändert sich der Ton bei Seifenwasser? (Achtung: nicht verschlucken!)

Was passiert, wenn du eiskaltes bzw. warmes Wasser nimmst?

IM ECHTEN LEBEN

Eine Posaune funktioniert nach dem gleichen Prinzip. Wenn du in das Mundstück bläst, schwingt die Luftsäule im Innern des Rohres, und es entsteht ein Klang. Um die Tonhöhe zu verändern, bewegst du den sogenannten Zug, wodurch die Luftsäule größer oder kleiner wird.

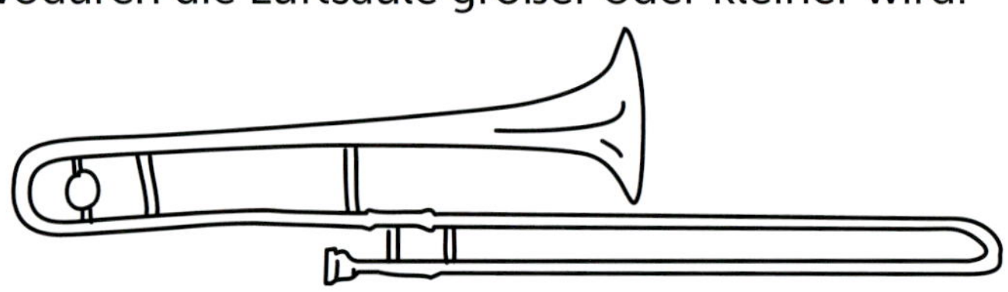

BATTERIEFREIES WALKIE-TALKIE

Vorsicht
Lass dir beim Zerschneiden der Flaschen helfen!

Mit diesem Sprechgerät könnt ihr euch unterhalten, obwohl ihr euch in zwei verschiedenen Räumen aufhaltet!

10 Minuten

Materialien

- ★ 2 leere 2-Liter-Plastikflaschen
- ★ Schere
- ★ Malerkrepp
- ★ flexibler Schlauch, mind. 5 m lang
- ★ Freund, Freundin oder Familienmitglied

Schritt 3

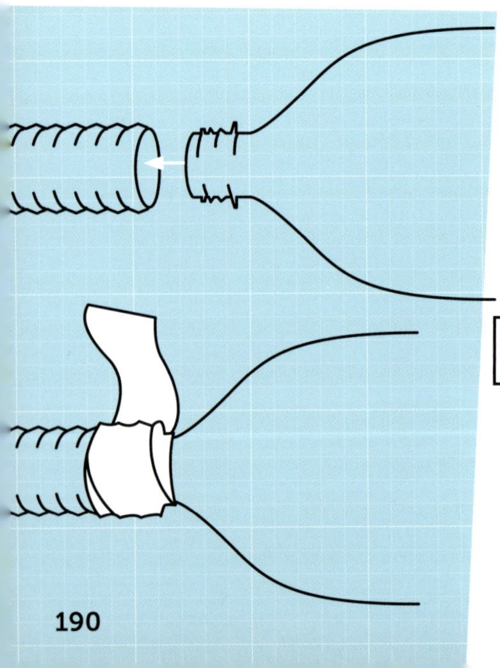

Methode

1. Bitte eine erwachsene Person, von den beiden Plastikflaschen das untere Drittel abzuschneiden.
2. Umklebe die Schnittränder mit Malerkrepp, damit sich niemand an den scharfen Rändern verletzt.
3. Stecke die beiden Flaschen mit der kleinen Öffnung in die Enden des Schlauchs und klebe sie mit extra viel Malerkrepp fest.
4. Lege die Flaschentrichter in zwei verschiedene Räume und lass eine andere Person hineinsprechen. Kannst du sie verstehen, wenn du dein Ende ans Ohr hältst?

Was steckt dahinter?

Wenn du sprichst, versetzt deine Stimme die Luft in Schwingung, es entsteht ein Klang. Die Schwingungen breiten sich in alle Richtungen aus. Wenn du in den Schlauch hineinsprichst, werden die Schwingungen ans andere Ende transportiert. Die beiden Flaschen bündeln die Schallwellen des Gesagten und schicken sie zu dem Ohr am anderen Schlauchende.

IM ECHTEN LEBEN

Auch Stethoskope verwenden Schläuche, um Geräusche zu übertragen. Die flache Scheibe an dem einen Ende wird auf die Haut gelegt und die Schwingungen des Herzschlags gelangen ins Ohr der Ärztin oder des Arztes.

Forsche weiter!

Wie leise kannst du flüstern, dass die andere Person dich noch hört?

Schickt Radiomusik oder Musik von einem der Instrumente, die du gebastelt hast, durch den Schlauch.

Was passiert, wenn ihr auf beiden Seiten gleichzeitig hineinsprecht?

MACH MAL LAUTER!

Manchmal sind die kleinen Handylautsprecher einfach nicht laut genug! Bastle dir aus Pappe ganz einfach einen Verstärker!

Vorsicht
Lass dir beim Schneiden helfen.

10 Minuten

Materialien

- ★ Lineal
- ★ Pappröhre von einer leeren Küchenpapierrolle
- ★ spitzer Bleistift
- ★ Smartphone oder Tablet mit deiner Lieblingsmusik
- ★ Schere
- ★ 2 Pappbecher

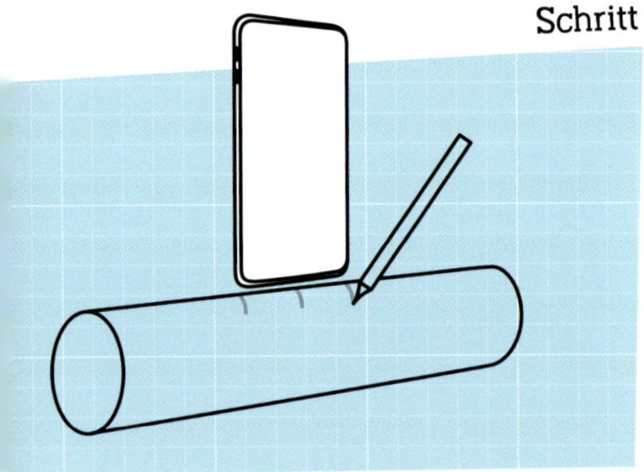

Schritt 2

Methode

1 Bestimme mithilfe eines Lineals die Mitte der Pappröhre und markiere sie mit einem Strich.

2 Stelle dein Handy oder Tablett mittig auf die Markierung und zeichne ein, bis wohin die rechte und linke Ecke des Geräts reicht.

3 Bitte eine erwachsene Person, zwischen diesen beiden Markierungen einen Schlitz in die Röhre zu schneiden, sodass du dein Gerät hineinstecken kannst.

4 Um die Enden der Röhre in die Pappbecher stecken zu können, halte ein Ende an die Seite des einen Bechers, fahre den kreisförmigen Umriss mit dem Bleistift nach und schneide den Kreis aus.

5 Wiederhole dies mit dem anderen Ende der Pappröhre bei dem anderen Becher.

IM ECHTEN LEBEN

Megaphone bündeln die Schallwellen, dadurch wird weniger in andere Richtungen gestreut, und die Personen vor dem Megaphon hören das Gesagte trotz Entfernung laut und deutlich.

Forsche weiter!

Was passiert mit dem Sound, wenn du Papier in die Röhre stopfst?

Probiere verschiedene Musikstile durch (Pop, Klassik ...). Was hört sich mit diesem Verstärker am besten an?

6 Schiebe die Enden der Pappröhre durch die seitlichen Löcher ein Stück in die Pappbecher hinein. Achte darauf, dass die Öffnung der Becher nach oben zeigt!

7 Stecke dein Handy oder Tablet mit dem Lautsprecher nach unten in den Schlitz und spiele auf dem Gerät Musik ab. Bist du überrascht, wie viel besser du die Musik hören kannst?

Schritt 6

Was steckt dahinter?

Klang entsteht durch Schwingungen in der Luft, die Schallwellen erzeugen, die zu deinen Ohren wandern. Der Klang aus dem Handylautsprecher breitet sich in alle Richtungen aus, aber wenn der Lautsprecher in der Röhre steckt, wird der Klang in die Becher geleitet. Die Schallwellen sind auf dich ausgerichtet, und der Sound wird klarer und lauter.

DER GROẞE KNALL

Wie viel Krach kannst du mit einem einzigen Blatt Papier machen? Experimentiere mit verschiedenen Falttechniken. Aber Vorsicht: Es könnte laut werden!

10 Minuten

Materialien

★ Zeitungspapier, Kleinformat (28 x 43 cm)

Methode

1 Falte das Papier der Länge nach in der Mitte, drücke den Falz flach und öffne das Papier wieder.

2 Falte die obere linke Ecke Richtung Mitte, sodass ihre Kante an der Mittelfalte anliegt. Verfahre so mit allen Ecken.

3 Klappe das Papier entlang der Mittelfalte wieder zusammen.

4 Halbiere die Figur, sodass die linke Spitze auf der rechten liegt, und drücke den Falz flach.

5 Öffne die Figur wieder und drehe sie um 180 Grad, sodass die lange Seite oben liegt.

6 Falte die linke Spitze nach unten, ihre obere Kante liegt nun an der Mittellinie an.

7 Falte die rechte Spitze ebenso nach unten. Achte darauf, dass beide Spitzen auf gleicher Höhe sind.

8 Drehe die Figur um und halbiere sie in vertikaler Richtung, sodass die linke Ecke auf der rechten liegt.

9 Greife vorsichtig die untere Spitze (siehe Foto rechts; achte darauf, nicht das gefaltete Papier in der Mitte festzuhalten), hebe die Figur in die Höhe und schleudere sie so schnell du kannst nach unten (aber nicht loslassen!).

Was steckt dahinter?

Indem du das Papier schnell nach unten bewegst, wird Luft in die Papierfalten gepresst, sodass sie mit Wucht aufklappen. Diese heftige Bewegung verursacht ein knallendes Geräusch.

Forsche weiter!

Probiere dünneres oder dickeres Papier aus: Verändert sich damit der Klang oder die Lautstärke des Knalls?

Fallen dir andere Faltungen ein, die einen noch lauteren Knall erzeugen könnten?

Schritt 1
Schritt 2
Schritt 3
Schritt 4
Schritt 6
Schritt 7
Schritt 8
Hier festhalten

PANFLÖTE AUS TRINKHALMEN

Mit Trinkhalmen kann man viele verschiedene Klänge erzeugen. Bastle eine Panflöte aus Trinkhalmen und experimentiere mit Tönen und Melodien.

5 Minuten

Materialien

- ★ Lineal
- ★ Schere
- ★ 6 Trinkhalme
- ★ Klebeband
- ★ Stift

Methode

1 Kürze den ersten Trinkhalm mithilfe von Lineal und Schere auf eine Länge von 20 cm.

2 Kürze den zweiten Trinkhalm auf 17,5 cm, den dritten auf 15 cm, den vierten auf 12,5 cm, den fünften auf 10 cm und den sechsten auf 7,5 cm Länge.

3 Lege sie der Länge nach geordnet auf den Tisch.

4 Umwickele alle Trinkhalme von beiden Seiten in 2,5 cm Abstand vom oberen Rand mit Klebeband.

5 Experimentiere mit den Tönen: Blase *waagerecht über* die oberen Enden der Trinkhalme.

IM ECHTEN LEBEN

Panflöten werden auf der ganzen Welt gespielt und waren die ersten Instrumente, bei denen der Klang mit dem Mund erzeugt wurde. Es gibt sie in verschiedenen Formen: In Südamerika sind die Rohre in einer geraden Linie, in Thailand kreisförmig angeordnet.

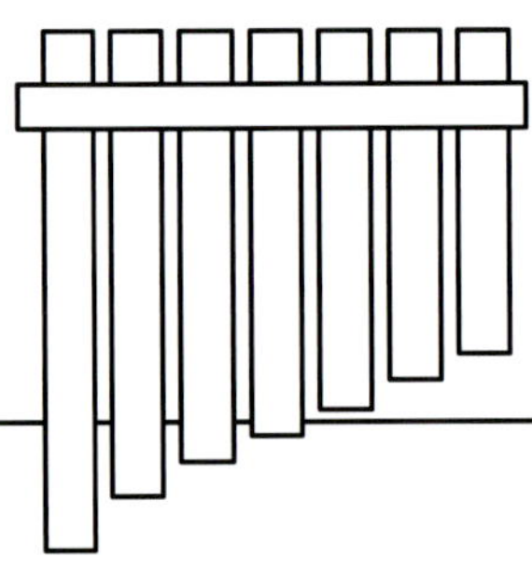

Was steckt dahinter?

Jeder Trinkhalm enthält eine Luftsäule; je länger der Halm, desto höher ist sie. Wenn du in einen Trinkhalm bläst, bringst du die Luft darin zum Schwingen und erzeugst einen Ton. Die Luftmenge im Trinkhalm beeinflusst die Tonhöhe: Ein langer Halm erzeugt einen tiefen, ein kürzerer einen hohen Ton.

Forsche weiter!

Klingt es anders, wenn du *in* die Halme *hinein*bläst?

Erweitere deine Panflöte um ein paar kürzere oder längere Trinkhalme. Wie viele Töne kannst du erzeugen?

Manche Panflöten haben Kerben am oberen oder unteren Ende, um die Tonhöhe zu verändern. Probiere es aus und finde heraus, was passiert!

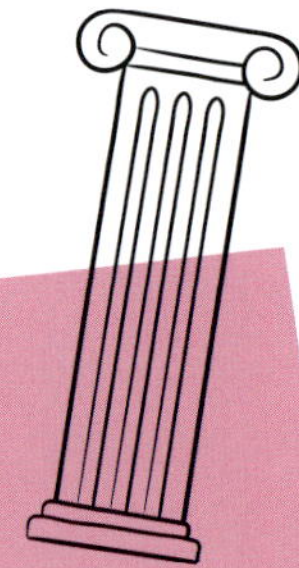

PAPIER-POWER

Papier hält nicht viel Gewicht aus ... oder? Finde heraus, wie viele Bücher eine Papiersäule tragen kann!

5 Minuten

Materialien

- ★ 4 Blätter Papier DIN A4
- ★ Klebeband
- ★ schwere Bücher

Forsche weiter!

Was passiert, wenn du statt der viereckigen Anordnung nur *drei* Röhren nimmst, die in einer Dreiecksformation stehen?

Kann die gleiche Anzahl von Büchern von nur zwei Röhren getragen werden?

Fertige schmalere Röhren von bis zu 2,5 cm Durchmesser an. Sind diese stabiler oder schwächer?

Schritt 1

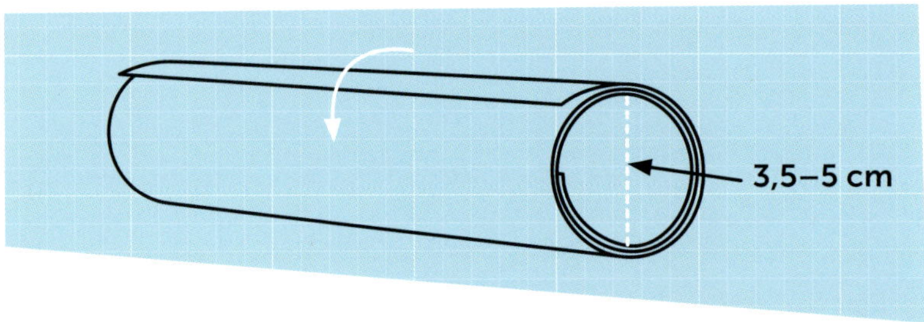

Methode

1. Rolle ein Blatt Papier vom kurzen Ende her zu einer Röhre von 3,5–5 cm Durchmesser auf.
2. Fixiere die Papierröhre mit Klebeband.
3. Verfahre mit den anderen drei Blättern genauso. Nun hast du vier gleich große Röhren aus Papier.
4. Stelle die Röhren aufrecht auf den Tisch, sodass sie die vier Ecken eines gedachten Rechtecks bilden (dieses Rechteck sollte kleiner sein als dein größtes Buch).
5. Lege vorsichtig das erste Buch auf die Röhren. Achte darauf, dass es auf allen vier „Säulen“ aufliegt.
6. Lege nach und nach weitere Bücher auf das erste. Wie viele werden es, bis deine Säulen einknicken?

Was steckt dahinter?

Ein flaches Blatt Papier kann nicht viel tragen, aber wenn man es zu einer Röhre rollt, verwandelt es sich in einen stabilen Pfeiler. Durch das Aufrollen kann das Papier mehr Gewicht tragen. Werden mehrere Papiersäulen benutzt, um eine Last (schwere Bücher) zu tragen, verteilt sich das Gewicht auf die Säulen, sodass jede einzelne für sich nicht so viel tragen muss. Je mehr Röhren es sind, desto mehr Gewicht kann auf ihnen platziert werden.

IM ECHTEN LEBEN

Säulen, wie sie im antiken Griechenland und im Römischen Reich aufkamen, sind auch in modernen Gebäuden zu finden. Das Brandenburger Tor in Berlin oder das Capitol in Washington (USA) sind berühmte Beispiele. Säulen stützen die gesamte Konstruktion, ohne selbst viel Raum einzunehmen.

KLEBRIGE SACHE!

Aus Mehl und Wasser lässt sich Klebstoff herstellen! Mit diesem Pappmaschee-Projekt kannst du es ausprobieren!

Lege ein Tablett unter, um Flecken zu vermeiden.

45 Minuten Basteln

Bis zu 24 Stunden Trockenzeit

Materialien

- ★ Zeitungspapier
- ★ Lineal
- ★ Weizenmehl
- ★ 1 Tasse als Maß
- ★ Schüssel
- ★ kaltes Wasser
- ★ Metalllöffel
- ★ Luftballon
- ★ Pinsel

Methode

1. Zerreiße das Zeitungspapier in etwa 15 cm lange, 2 cm breite Streifen. Du brauchst mindestens 30 Streifen.
2. Gib 1 Tasse Mehl in die Schüssel, gieße 1 Tasse Wasser dazu und verrühre beides mit dem Löffel, bis alle Klümpchen verschwunden sind. Das ist der Kleber!
3. Puste den Luftballon auf, verknote ihn und bepinsele ihn rundum mit einer dünnen Schicht Kleber. Drücke ein paar Streifen Zeitungspapier darauf.
4. Pinsele auch die Streifen mit Leim ein und klebe weitere Streifen darüber, quer zu den ersten.
5. Wiederhole die Schritte 3 und 4, kleistere die Streifen ein und klebe im rechten Winkel neue darüber, bis alle Streifen auf dem Luftballon kleben.
6. Lass deinen Luftballon trocknen (das kann bis zu 24 Stunden dauern).
7. Sobald alles trocken ist, lässt du die Luft aus dem Ballon und löst ihn vorsichtig von seiner Hülle. Der *Papier*-Luftballon behält trotzdem seine Form, weil der Kleber ihn zusammenhält!

Forsche weiter!

Funktioniert dieser Kleber auch mit anderen Materialien, wie z. B. Pappe oder Glas? Beklebe andere Objekte mit Pappmaschee, z. B. ein Schälchen (reibe feste Objekte vorher dünn mit Vaseline ein, damit sich die trockene Form besser löst).

Was steckt dahinter?

Mehl enthält Stärke. Die Stärke-**Moleküle** nehmen Wasser auf, schwellen an und platzen schließlich. Die zerplatzten Moleküle verknäulen sich und vermischen sich mit der Zellulose im Papier. Stärke und Zellulose haften aneinander wie Klebstoff. Sobald die Mischung trocken ist, wird sie hart. Dadurch wird das Papier steifer und bewahrt die Form, die es im feuchten Zustand dank der Stützkonstruktion (Luftballon) hatte.

IM ECHTEN LEBEN

Aus Pappmaschee kann man alles Mögliche basteln, da es jede beliebige Form annehmen kann, und es ist eine tolle Recycling-Idee für Papier. Man kann hübsche Kästchen, Masken, Puppenköpfe und sogar komplizierte aufwendige Figuren für den Karnevalsumzug daraus machen.

STABILE STRUKTUREN

Welche Form macht ein Bauwerk stabil? Experimentiere mit Marshmallows und Zahnstochern und finde heraus, wie Ingenieur*innen Wolkenkratzer bauen. Wie hoch wird dein Bauwerk?

30 Minuten

Materialien

★ Zahnstocher, etwa 250
★ Mini-Marshmallows
★ Lineal

Methode

Schritt 1

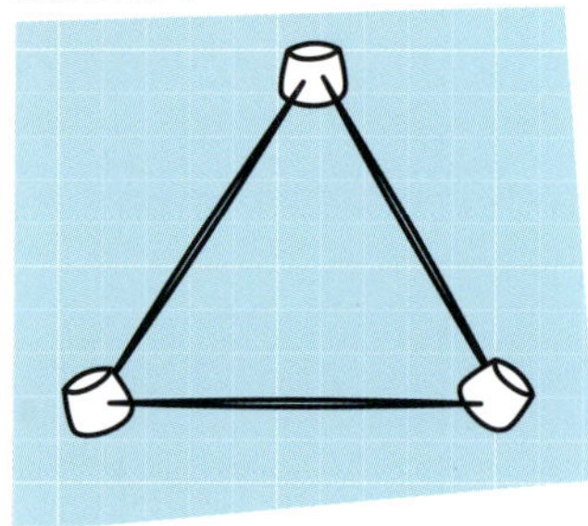

Schritt 2

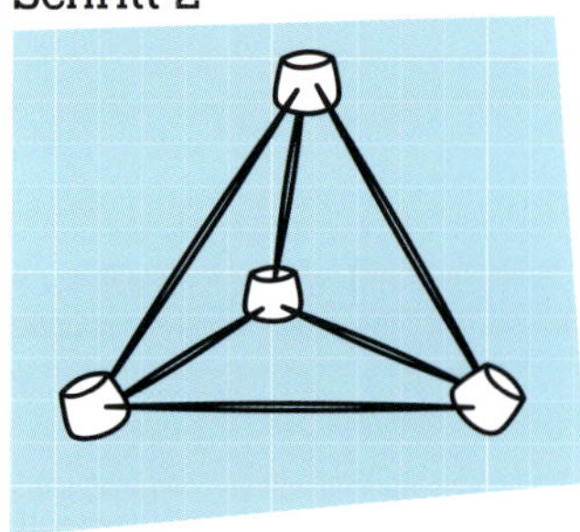

1 Stecke zunächst einen Zahnstocher in ein Marshmallow, verbinde zwei weitere Marshmallows mit Zahnstochern, sodass du ein Dreieck erhältst.

2 Lege das Dreieck hin. Stecke senkrecht in jedes Marshmallow einen Zahnstocher und führe alle drei in der Mitte mit einem weiteren Marshmallow zusammen, Nun hast du eine Pyramide.

3 Probiere andere Formen zu bauen, z. B. einen Würfel oder ein Fünfeck. Baue immer höher, so hoch du kannst!

4 Experimentiere mit verschiedenen Formen. Wie hoch kann dein Turm werden, ohne umzufallen? Vergiss nicht, die Höhe zu messen!

Forsche weiter!

Sind Holzspieße besser zum Bauen geeignet als Zahnstocher?

Lege Stofftiere auf die Spitze deines Turms. Wie viel Gewicht kann er tragen?

Wird dein Turm stabiler, wenn du an der Basis weitere Elemente anbaust?

Was steckt dahinter?

Dein Bauwerk benötigt, genauso wie ein echter Wolkenkratzer, eine breite, robuste Basis, um nicht umzufallen. Je höher du den Turm baust, desto schmaler sollte er nach oben hin werden. Für große Bauten sind Dreiecke die beste Grundform, da sie selbst bei hohem **Druck** stabil bleiben. Rechteckige Formen verbiegen sich unter einer hohen Last.

RETTUNGSFLOSS

Du strandest hoffentlich niemals auf einer einsamen Insel, aber es kann nicht schaden, sich in Notsituationen selbst helfen zu können – und zu wissen, wie man aus Plastikflaschen ein Rettungsfloß baut! Wie viele Stofftiere kann dein Floß tragen?

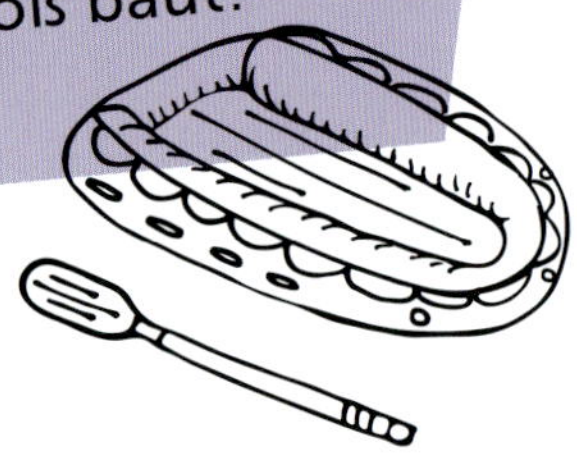

20 Minuten

Materialien

- ★ 2 gleich große Plastikflaschen
- ★ Malerkrepp
- ★ Bindfaden, 1 Knäuel
- ★ Schere
- ★ Waschbecken, Eimer oder Badewanne, teils mit Wasser gefüllt
- ★ Stofftiere

Methode

1 Lege die Flaschen nebeneinander, die Deckel zeigen in die gleiche Richtung. Umwickele beide Flaschen mit Malerkrepp, sodass sie zusammenhalten.

2 Lege dein Floß aufs Wasser und beobachte, wie es sich verhält.

3 Stelle dein Rettungsfloß auf die Probe: Kannst du Stofftiere darauf setzen, ohne dass es untergeht?

Was steckt dahinter?

Auf das Rettungsfloß wirken zwei entgegengesetzte Kräfte ein: Das Gewicht der Stofftiere drückt das Floß nach unten, während der **Auftrieb** des Wassers nach oben gegen die luftgefüllten Flaschen drückt. Je mehr Luft in den Flaschen ist, desto stärker ist der Auftrieb und desto mehr Gewicht kann das Floß tragen. Eine Flasche allein wäre nicht stabil genug, daher ist es wichtig, die Flaschen auf die beschriebene Art und Weise miteinander zu verbinden.

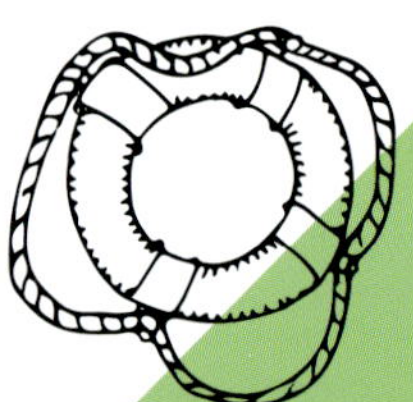

Forsche weiter!

Ist dein Floß stabiler, wenn du etwas Wasser in die Flaschen füllst?

Kannst du das Floß so verstärken, dass es mehr Gewicht tragen kann?

IM ECHTEN LEBEN

Schwimm- und Rettungswesten funktionieren nach dem gleichen Prinzip: Eingeschlossene Luft bewahrt vor dem Untergehen. Rettungswesten blasen sich bei Wasserkontakt automatisch auf. Der dadurch erzeugte Auftrieb reicht aus, um einen Menschen viele Stunden über Wasser zu halten.

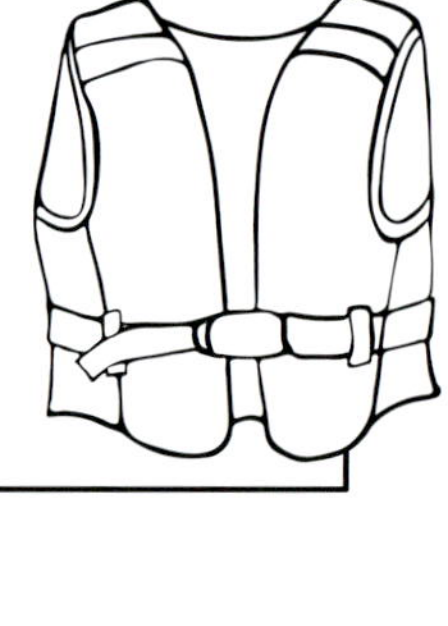

DIE DICHTE ZÄHLT

Übereinandergestapelte Flüssigkeiten verraten, was die höchste Dichte hat: Weintraube, Kirsche, Schraube oder Tischtennisball?

Verwende ein Tablett, um Flecken zu vermeiden.

20 Minuten

Materialien

- ★ 100 ml heller Sirup
- ★ geradwandiges Glas, mind. 13 cm hoch
- ★ 100 ml Milch
- ★ Metalllöffel
- ★ grünes Spülmittel
- ★ 200 ml Wasser mit ein paar Tropfen roter Lebensmittelfarbe
- ★ 200 ml Pflanzenöl
- ★ Kirsche
- ★ Weintraube
- ★ Schraube
- ★ Tischtennisball

Methode

1 Gieße zuerst den Sirup in das Glas.

2 Gib nun vorsichtig die Milch hinzu, indem du die abgemessene Menge langsam über den Rücken eines Löffels ins Glas laufen lässt. Die Milch soll eine Schicht *auf* dem Sirup bilden und sich nicht mit ihm *mischen*.

3 Wasche den Löffel gründlich ab und wiederhole Schritt 2 mit dem Spülmittel, sodass eine dritte, grüne Schicht entsteht. Säubere den Löffel noch einmal.

4 Für die vierte Schicht lässt du über den Löffelrücken das rote Wasser ins Glas fließen. Säubere den Löffel.

5 Für die fünfte und letzte Schicht gibst du nach derselben Methode das Öl hinzu.

6 Lege nun vorsichtig nacheinander Kirsche, Weintraube, Schraube und Tischtennisball auf die oberste Schicht und beobachte, wie tief sie sinken bzw. wo sie sich absetzen.

Was steckt dahinter?

Dichte ist ein Maß dafür, wie viel Materie in einem Objekt steckt. Flüssigkeiten, die bei gleichem Volumen mehr wiegen, haben eine höhere Dichte und sammeln sich unterhalb von Flüssigkeiten mit einer geringeren Dichte. In unserem Glas schwimmen leichtere Flüssigkeiten wie Öl auf schwereren Flüssigkeiten wie Milch. Wenn du einen Gegenstand ins Glas legst, sinkt er bis zu der Flüssigkeitsschicht, die eine ähnliche Dichte hat wie er selbst. So erfährst du die ungefähre Dichte eines Objektes!

Forsche weiter!

Was für Flüssigkeiten könntest du für dieses Experiment sonst noch nehmen?

Was passiert, wenn du das Öl zuerst ins Glas gießt? Lass die Schichten eine Stunde ruhen und sieh nach, wo das Öl dann ist.

Teste die Dichte anderer Gegenstände (nachdem du gefragt hast, ob du sie dafür benutzen darfst).

KARTENBRÜCKE

Brücken sind praktisch! Sie ermöglichen Menschen und Fahrzeugen, freie Flächen oder Hindernisse sicher zu überqueren. Bauingenieur*innen haben viele verschiedene Arten von Brücken entworfen – diese hier ist aus Spielkarten!

30 Minuten

Materialien

- ★ Satz alter Spielkarten
- ★ Klebeband
- ★ Schere

Methode

1. Markiere auf einer ebenen Fläche (Fußboden oder Tisch) mit dem Klebeband zwei 30 x 30 cm große Quadrate im Abstand von 30 cm.
2. Baue aus den Spielkarten eine Brücke, die die beiden Quadrate verbindet. Probiere verschiedene Methoden aus! Klebe z. B. die Karten zusammen oder stecke sie ineinander (die dafür nötigen Einschnitte siehst du in der Abbildung rechts). Die Brücke darf außerhalb der Quadrate den Boden nicht berühren!

Schritt 2

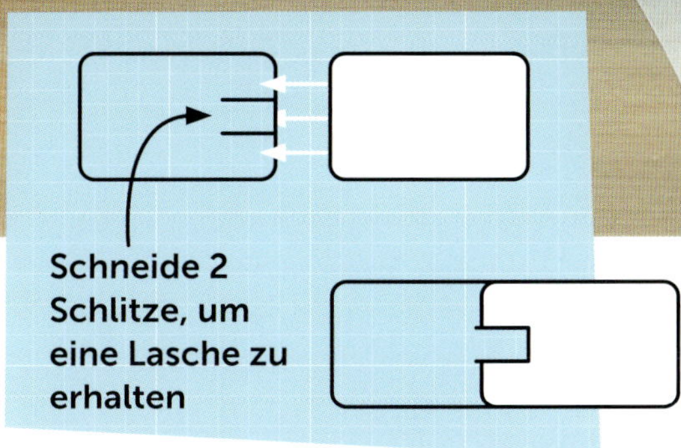

Forsche weiter!

Erhöhe den Abstand zwischen den Quadraten. Wie lang ist die längste Brücke, die du bauen kannst?

Wie viel Gewicht kann deine Brücke in der Mitte tragen? Probiere verschiedene Objekte aus.

Was steckt dahinter?

Brücken stellen Statik und Ingenieurswesen oft vor große Herausforderungen, da sowohl senkrecht als auch waagerecht Kräfte auf sie wirken. Das Dreieck ist in diesem Zusammenhang die wichtigste Form, da es, anders als das Rechteck, nicht so leicht verbogen werden kann. Eine breite Basis an beiden Brückenenden verhindert, dass die Mitte zu sehr durchhängt.

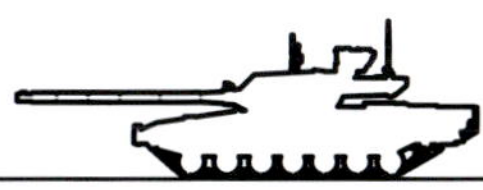

IM ECHTEN LEBEN

Die Pioniertruppen der Bundeswehr sind in der Lage, innerhalb kürzester Zeit sogenannte Bailey-Brücken zu errichten. Diese Not- oder Behelfsbrücken bestehen aus vormontierten Bauteilen, die mit Lastwagen transportiert und in weniger als 24 Stunden ohne Spezialausrüstung aufgebaut werden und sogar Panzer tragen können!

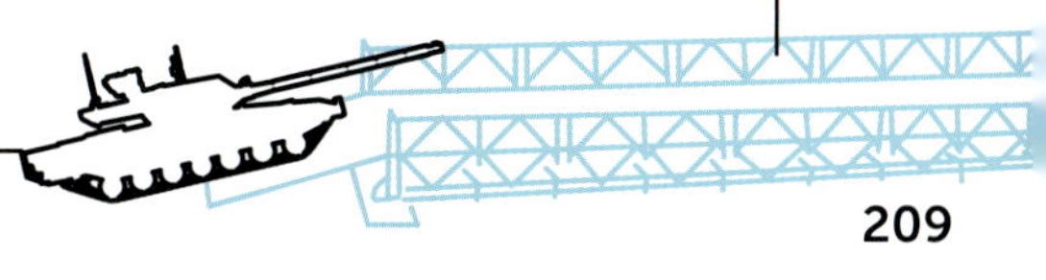

SEGELWAGEN

Landsegler nutzen den Wind als Antriebskraft, und dieses Prinzip übertragen wir auf Spielzeugautos! Experimentiere mit verschiedenen Segelformen und nutze den Windantrieb!

15 Minuten

Materialien

- ★ Schere
- ★ Papier, mindestens 10 x 10 cm pro Blatt, verschiedene Sorten
- ★ Locher
- ★ Holzspieße, für jedes Auto einen
- ★ Klebeband
- ★ ablösbare Klebeknete
- ★ 3 Spielzeugautos
- ★ Ventilator

Methode

1 Schneide aus dem Papier drei verschiedene Formen aus (z. B. ein Quadrat, ein Dreieck und einen Kreis), die alle etwa 10 cm lang sind, oder entscheide dich für eine Form und bastele drei verschiedene Größen.

2 Stanze bei jedem Papiersegel ins obere und ins untere Ende je ein kleines Loch für den Holzspieß.

3 Führe den Spieß erst durch das untere, dann durch das obere Loch – der mittlere Teil des Spießes befindet sich nun auf der einen Seite des Segels (das sich etwas wölbt), das obere und untere Ende auf der anderen Seite. Fixiere das Papier an den Löchern mit Klebeband am Spieß, damit es nicht verrutscht. Dein erstes Segel ist fertig! Verfahre bei den anderen Segeln ebenso.

4 Nimm eine Kugel Klebeknete, stecke das untere Ende einer Segelstange hinein und presse sie auf das Dach oder die Ladefläche eines Spielzeugautos, sodass das Segel aufrecht steht. Befestige die übrigen Segel ebenso.

5 Stelle den Ventilator auf einer ebenen Fläche hinter die Segelwagen und sieh zu, wie sie losfahren.

Forsche weiter!

Wie klein kann das Segel sein, damit es das Auto noch bewegt?

Beeinflusst der Winkel von Wind oder Segel das Ergebnis?

Experimentiere mit vielen verschiedenen Segelformen und notiere, welche am besten funktionieren.

IM ECHTEN LEBEN

Den Landsegel-Rekord für ein windgetriebenes Fahrzeug stellte Richard Jenkins mit seinem *Greenbird* auf, der unglaubliche 202,9 km/h schnell fuhr.

Was steckt dahinter?

Der Ventilator bewegt die Luft, die wiederum eine Kraft auf das Segel ausübt. Wenn diese Kraft groß genug ist, um die **Reibung** zwischen den Rädern und dem Boden zu überwinden, setzt sich das Auto in Bewegung. Ein größeres Segel kann mehr Luft einfangen, aber wenn es zu groß ist, wird es zu schwer und bremst das Auto (weil das höhere Gewicht mehr Reibung in den Rädern erzeugt).

RETTE DAS EI!

In Autos stecken viele Vorrichtungen, um im Falle eines Zusammenstoßes die Insassen zu schützen. Wie müsste ein rohes Ei verpackt sein, damit es einen Sturz heil übersteht?

15 Minuten

Materialien

- ★ rohe Eier
- ★ großer Pappkarton, um die Eier aufzufangen
- ★ verschiedene Materialien, um die Eier zu polstern

Methode

1 Schau dich zu Hause um: Was könntest du verwenden, um die Eier einzupacken? Das Foto oben gibt ein paar Anregungen.

2 Wenn du dein Ei verpackt hast, gehe nach draußen bzw. irgendwohin, wo du herumkleckern kannst.

3 Stelle den Karton auf den Boden, stelle dich erhöht hin (Bank, Stuhl) und lass das verpackte Ei in den Karton fallen. Hat es den Sturz überstanden?

4 Wenn das Ei beim Aufprall zerbrochen ist, überlege, was du verändern könntest, damit es heil bleibt. Würde ein anderes Material wie z. B. Stroh den Aufprall besser dämpfen?

Die folgenden vier Vorschläge sollen dir den Einstieg erleichtern. Das Schöne an diesem Experiment ist jedoch, dass du selbst kreativ werden und alle Materialien und Methoden ausprobieren kannst, die dir in den Sinn bzw. in die Finger kommen!

Entwurf 1:

Probiere es mit Gummibändern als Aufprallschutz: Schlinge beliebig viele Gummibänder um dein Ei. Achte darauf, dass sie nicht zu fest sitzen. Du kannst das Ei auch in Luftpolsterfolie wickeln.

Entwurf 2:

Zerknülle Seidenpapier oder anderes Papier und wickle das Ei darin ein. Hilft es, die Papierschichten festzukleben?

Entwurf 3:

Wenn du von einem anderen Experiment noch einen Pappbecher übrig hast, kannst du ihn mit Stroh, Einstreu (für Nagetiere) oder Papierschnipseln füllen, um das Ei zu polstern.

Entwurf 4:

Fülle einen verschließbaren Plastikbeutel mit einem weichen, pulverförmigen Material (z. B. Mehl, Puderzucker) und lege das Ei hinein.

Betrachte die Materialien, die dir zur Verfügung stehen. Überlege, welche geeignet sein könnten, um ein Ei zu polstern, und wie du sie am wirkungsvollsten kombinieren könntest. Setze deine Ideen sofort um und entwickle eigene Entwürfe.

Was steckt dahinter?

Es gibt viele Möglichkeiten, das Ei so zu verpacken und zu polstern, dass es beim Aufprall auf den Boden nicht zerbricht. Weichere Materialien (z. B. Gummibänder) fungieren als Polster, indem sie einen Teil der Aufprallenergie absorbieren und das Ei intakt halten. Ein schützendes Gehäuse um das Ei kann ebenfalls die Aufprallkraft vom Ei wegleiten oder das Ei so positionieren, dass es auf dem widerstandsfähigsten Teil der Schale landet.

IM ECHTEN LEBEN

Airbags sind ein wichtiger Teil der Sicherheitsvorrichtungen in unseren Autos. Die US-Raumfahrtbehörde NASA setzte ganz ähnliche Aufprallkissen ein, um die Landung der Raumsonde *Pathfinder* samt Roboterfahrzeug auf dem Mars abzufedern.

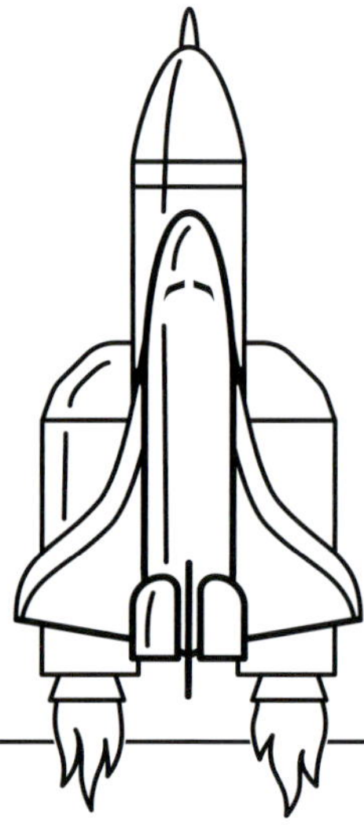

Forsche weiter!

Versuche es mit einem Fallschirm aus Küchenpapier. Welche Materialien eignen sich, um das Ei aufzufangen? Ein Kissen? Eine Decke?

Muss das Ei vollständig im Auffangmaterial versinken, um heil zu bleiben? Kannst du ein Schutzgehäuse aus nur einem Material basteln?

Lass das Ei aus größerer Höhe fallen und halte es z. B. über deinen Kopf, bevor du es loslässt.

ECKIGE SEIFENBLASEN

Hast du schon mal quadratische Seifenblasen gemacht? Oder vielleicht pyramidenförmige? Bastle diesen besonderen Pustestab und entdecke die Möglichkeiten!

10 Minuten

Materialien

- ★ Schere
- ★ 5 Trinkhalme aus Bambus oder Plastik
- ★ 5 Pfeifenreiniger
- ★ Plastikschüssel, 15 cm hoch
- ★ Seifenblasenflüssigkeit

Methode

1 Schneide die Trinkhalme in der Hälfte durch und halbiere sie dann noch einmal, sodass du aus jedem Trinkhalm vier gleich lange Röhrchen erhältst (Tipp: bestimme vorher mit dem Lineal die Gesamtlänge). Es ist wichtig, dass alle 20 Röhrchen genau die gleiche Länge haben.

2 Fädle einen Pfeifenreiniger durch vier Röhrchen und wickle die Enden umeinander. Biege die flexiblen Stellen zwischen den Röhrchen so, dass diese im rechten Winkel zueinander stehen. Dadurch ergibt sich ein Quadrat.

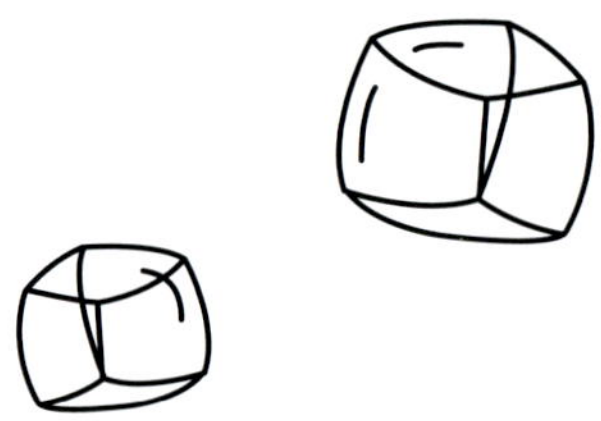

Schritt 2

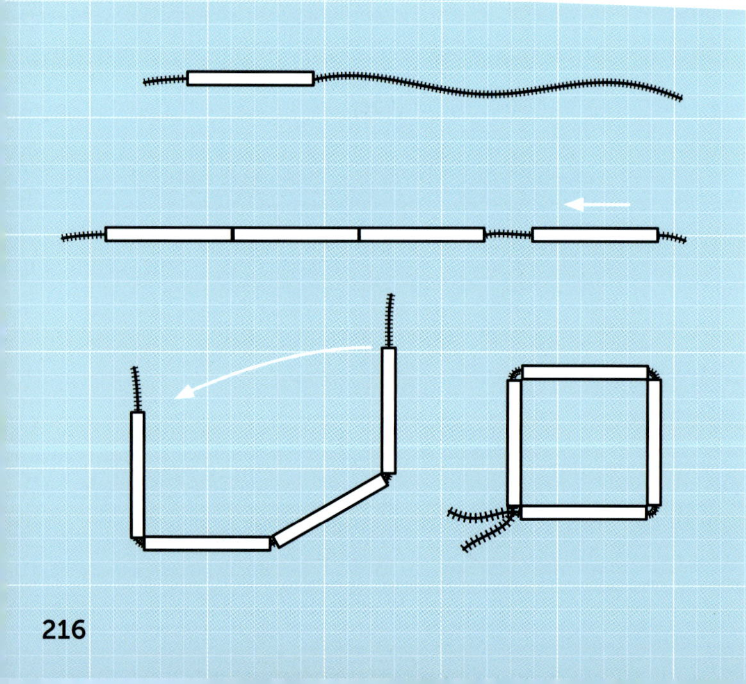

Schritt 3

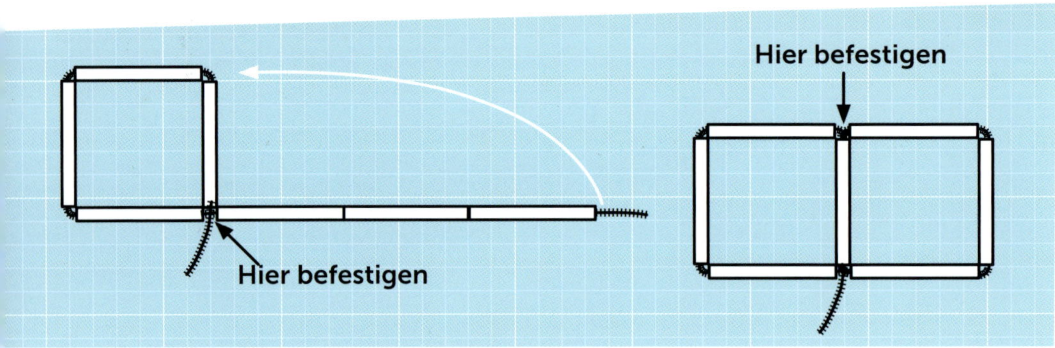

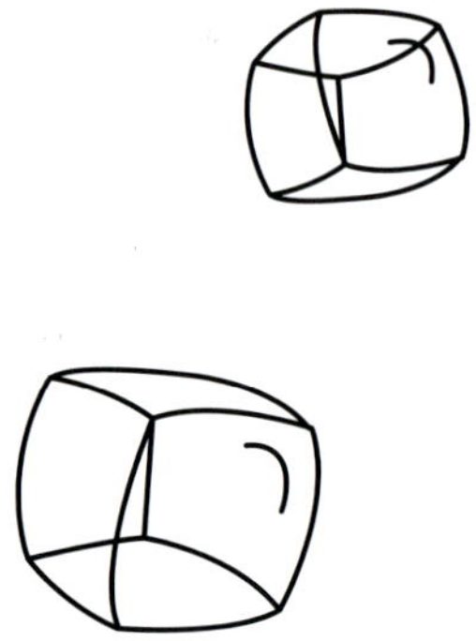

3 Wickle einen weiteren Pfeifenreiniger um eine Ecke deines ersten Quadrats und fädle drei neue Röhrchen auf. Bringe die Röhrchen wieder in einen rechten Winkel zueinander. Dann wickle das Ende des Pfeifenreinigers um die Nachbarecke zu der Stelle, wo du ihn befestigt hattest. Du solltest nun zwei gleich große, miteinander verbundene Quadrate haben.

4 Schneide überstehende Enden der Pfeifenreiniger mit der Schere ab. Biege das zweite Quadrat nach oben: Es ist die zweite Seite eines Würfels.

5 Wiederhole Schritt 3 mit einem weiteren Pfeifenreiniger und drei Röhrchen und befestige ihn an einem der anderen beiden Ecken des Ausgangsquadrats. Biege das dritte Quadrat so, dass es im rechten Winkel zum ersten und parallel zum zweiten Quadrat steht. Schneide überstehende Pfeifenreinigerenden ab.

Schritt 5

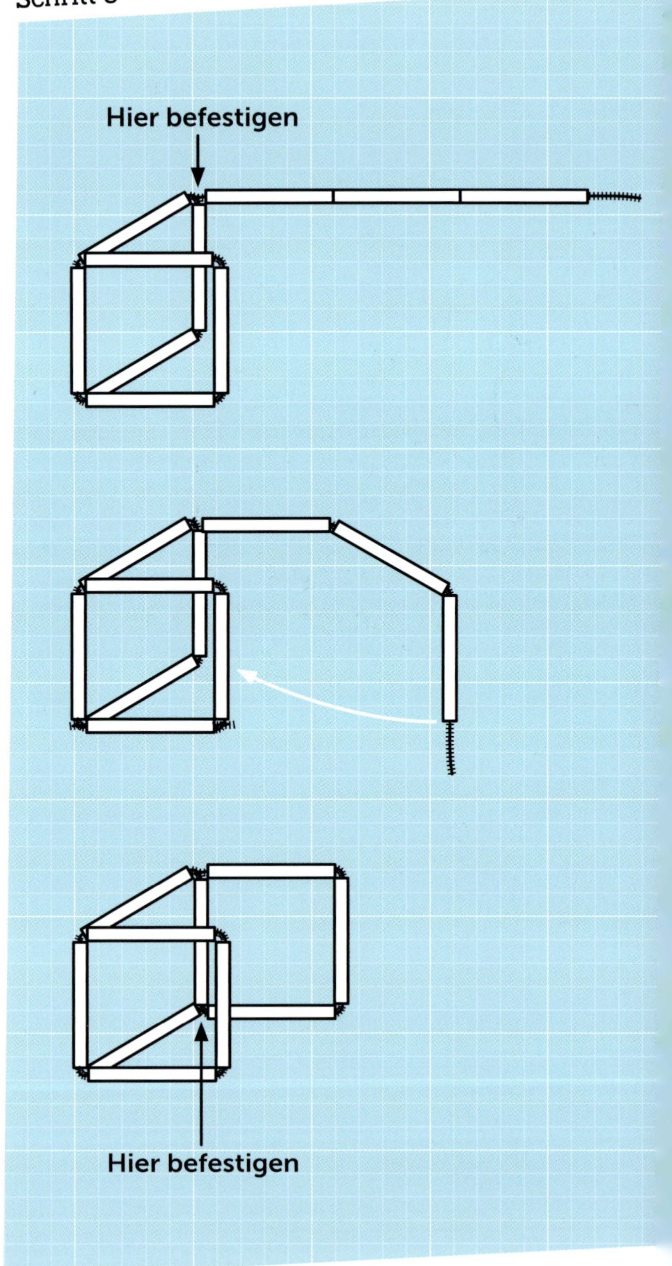

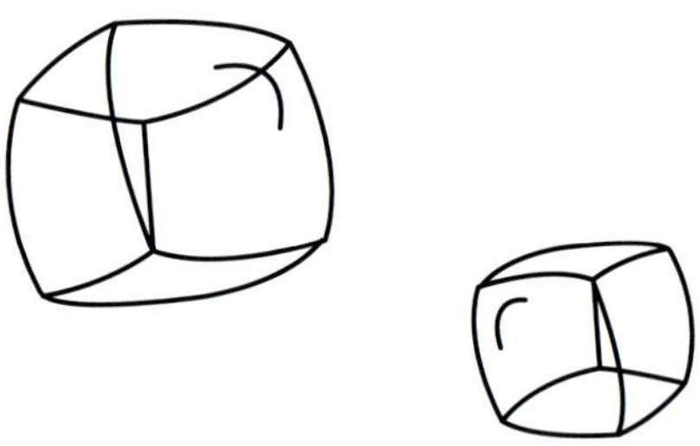

6 Um den Würfel zu vervollständigen, fädle ein einzelnes Röhrchen auf einen Pfeifenreiniger und befestige ihn an den oberen gegenüberliegenden Ecken von Quadrat 2 und Quadrat 3. Wiederhole dies mit einem weiteren Pfeifenreiniger und Röhrchen und befestige diesen an den beiden letzten freien Ecken des Würfels. Schneide erneut die überstehenden Enden der Pfeifenreiniger ab.

7 Bastle einen Griff für deinen Würfel, indem du das Ende eines neuen Pfeifenreinigers um eine der Ecken wickelst und das andere Ende zu einer Schlinge biegst.

8 Tauche den Würfel in den Behälter mit Seifenlauge und hebe ihn langsam heraus. In der Mitte sollte eine kleine quadratische Seifenblase zu erkennen sein!

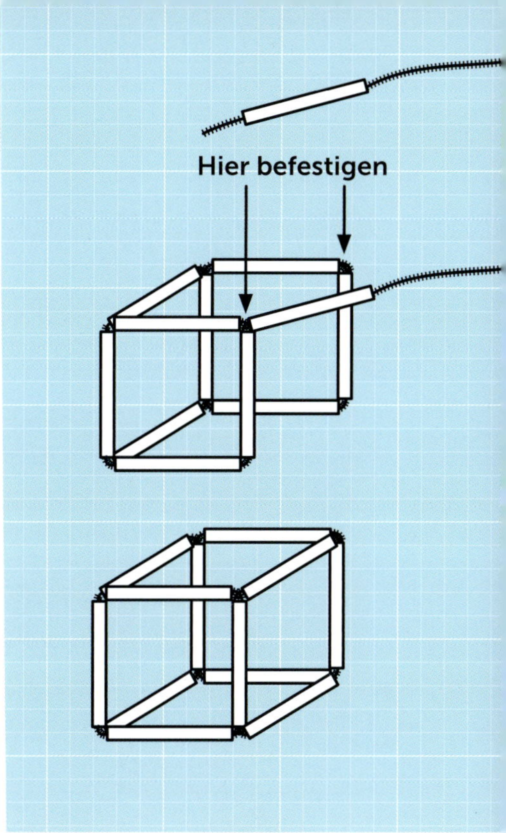

Schritt 6

Was steckt dahinter?

Die quadratische Seifenblase ist ein Beispiel für ein sogenanntes Seilnetz, das ist eine Konstruktion, in der ein Stoff zwischen zwei oder mehr Punkten aufgespannt wird – in unserem Fall die Seifenlauge zwischen den Rändern des würfelförmigen Pustestabs. Die Form des Pustestabs beeinflusst die Form der innenliegenden Blase. Wird die Blase jedoch aus dem Würfel herausgepustet, nimmt sie immer kugelförmige Gestalt an, weil die Kugel als kleinstmögliche Oberfläche eines bestimmten Luftvolumens die stabilste Form der Seifenblase ist.

Schritt 8

Forsche weiter!

Kannst du einen *pyramidenförmigen* Pustestab bauen? Oder andere dreidimensionale Formen?

Erweitere deinen Pustestab um weitere Quadrate. Was passiert mit den Seifenblasen? Kannst du mehrere quadratische Blasen auf einmal erzeugen?

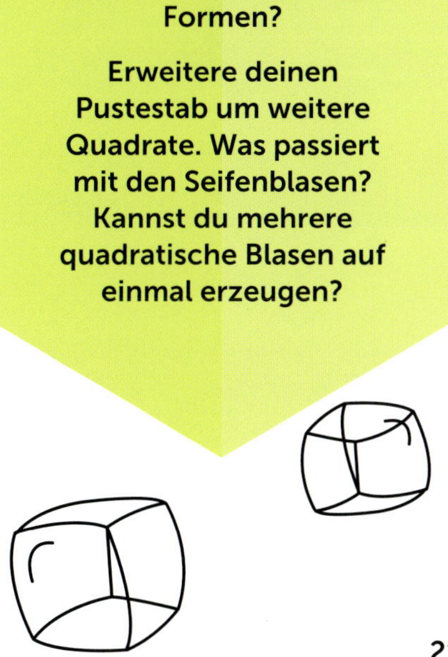

COLA-MENTOS®-FONTÄNE

Erzeuge eine zischende Fontäne, indem du ein Mentos®-Bonbon in eine Flasche Cola wirfst. Dieses Experiment ist so explosiv, dass es nur draußen durchgeführt werden darf! Sobald das Mentos® in der Flasche ist: LAUF!

5 Minuten

Materialien

- ★ 2 Flaschen Cola (1 normale und 1 zuckerfreie)
- ★ 2 Mentos®

Methode

1 Stelle die Colaflaschen nebeneinander auf den Boden.

2 Schraube die Flaschen auf und gib in jede ein Mentos® (am besten gleichzeitig, also such dir eine Partnerin oder einen Partner für dieses Experiment).

3 Tretet schnell ein paar Schritte zurück und betrachtet den Ausbruch! Welche Flasche schäumt am meisten?

Was steckt dahinter?

Kohlensäurehaltige Getränke wie Cola enthalten viel Kohlenstoffdioxid (CO_2) und Wasser. Das Gas will entweichen, wie man beim Öffnen der Flasche schon hört. Die Mentos-Bonbons haben eine raue Oberfläche (schau sie dir mit deiner Beobachtungsbox von S. 166 an), auf der sich zahllose CO_2-Bläschen bilden, die sich mit dem übrigen CO_2 mischen und mit Macht nach oben drängen.

Forsche weiter!

Ist es wichtig, welche Limonade du nimmst?

Was passiert, wenn du mehrere Mentos®-Bonbons auf einmal in die Flasche gibst?

Funktioniert das Experiment auch mit abgestandener Cola (die du ein, zwei Tage offen, ohne Deckel, stehen gelassen hast)?

IM ECHTEN LEBEN

Eine andere explosive chemische Reaktion findet statt, wenn ein Streichholz entflammt. Wenn du ein Streichholz anzündest, reibst du es über raues Papier. Die dadurch entstehende Hitze entzündet die Stoffe auf dem Streichholzköpfchen: Schwefel und Phosphor. Der freiwerdende **Sauerstoff** hält das Feuer in Gang.

Such dir einen Ort, wo du nach Herzenslust herumkleckern kannst!

MALENDES PENDEL

Willst du mit einem kleinen Schubs ein einzigartiges Gemälde erschaffen? Dieses einfache Pendel vereint Kunst und Technik – du brauchst nur zuzuschauen!

10 Minuten

Materialien

- ★ 2 Stühle (gleich hoch)
- ★ Maßband
- ★ Besenstiel
- ★ Blatt Papier, mind. 30 x 42 cm
- ★ Locher
- ★ Pappbecher, mind. 4
- ★ spitzer Bleistift
- ★ Klebeband
- ★ reißfeste Schnur
- ★ Acryl- oder Abtönfarben, mind. 2 verschiedene
- ★ Wasser

Forsche weiter!

Versuche, den Becher kreisen zu lassen, um verschiedene Muster zu kreieren.

Experimentiere mit der Länge der Schnur.

Befülle dein Pendel mit verschiedenen Farben oder bohre weitere Löcher in den Becherboden.

Methode

1 Stelle die Stühle in etwa 30 cm Abstand mit der Lehne zueinander auf. Lege den Besenstiel über die Lehnen und das Papier direkt darunter auf den Boden.

2 Stanze mit dem Locher in einen Becher knapp unterhalb des Randes ein Loch und auf der gegenüberliegende Seite ein zweites. Bohre mit dem Bleistift ein kleines Loch in den Boden des Bechers und klebe von außen Klebeband darüber.

3 Knote die Enden eines längeren Stückes Schnur an den oberen Löchern fest und hänge den Becher damit über den Besenstiel. Der Becher soll mindestens 15 cm über dem Boden schweben.

4 Fülle etwas Farbe in einen der anderen Becher, gib die doppelte Menge Wasser hinzu und verrühre die Mischung mit dem Bleistift.

5 Gieße die verdünnte Farbe vorsichtig in den hängenden Becher. Ziehe das Klebeband vom Becherboden ab und gib dem Becher dann einen sanften Schubs, sodass er hin- und herschwingt. Sobald der Becher leer ist, wiederhole die Schritte 2–5 mit einer anderen Farbe.

Was steckt dahinter?

Dein Becher verhält sich wie ein Pendel: ein Körper, der an einem Punkt aufgehängt ist und frei schwingen kann. Wenn du den Becher anstößt, schwingt er vor und zurück. Da die Gravitation ihn permanent nach unten zieht, verwandelt sich seine Energie in Bewegung. Mit jedem Pendeln verliert er ein bisschen Energie, bis er zur Ruhe kommt. Während der Becher sich bewegt, tropft Farbe aus dem Loch im Boden, und es entsteht ein Gemälde!

Breite eine große Plane auf dem Boden aus. Führe das Experiment NICHT auf Teppich durch!

IM ECHTEN LEBEN

Abrissbirnen funktionieren wie Pendel: Die massive Kugel wird durch eine Bewegung des Baggers, an dem sie aufgehängt ist, zum Schwingen gebracht. Dabei gewinnt sie so viel Energie, dass sie dicke Mauern, sogar ein ganzes Haus zum Einsturz bringen kann.

PAPIERFLIEGER-KATAPULT

Bastle eine platzsparende, aber sehr wirkungsvolle Starthilfe für dein Papierflugzeug! Wie weit wird dein Modell fliegen?

45 Minuten

Materialien

- ★ 3 Blätter Papier, DIN A4 (für 3 Papierflieger)
- ★ 3 Büroklammern
- ★ Pappkarton, mind. 12 x 12 cm
- ★ 2 Pinnnadeln
- ★ 1 mittelgroßes Gummiband
- ★ Lineal
- ★ Klebeband

Methode

1. Bastle mindestens drei Papierflieger, um dieses Katapult zu testen.
2. Wenn die Flieger fertig sind, stecke eine Büroklammer auf jede Spitze und fixiere sie mit Klebeband. Biege die Klammer ein wenig auf, sodass ein kleiner Haken entsteht.
3. Drehe den Karton um und stecke im Abstand von ca. 7,5 cm zwei Pinnnadeln in die ebene Fläche, jeweils mindestens 2 cm vom Rand entfernt.
4. Schlinge das Gummiband um die Pinnnadeln.
5. Hänge den Büroklammerhaken der Fliegernase in das Gummiband und ziehe den Papierflieger sanft nach hinten, sodass sich das Gummiband aufspannt.
6. Lass los und beobachte, wie dein Flieger in die Luft geschleudert wird! Verbessere dein Katapult, verändere den Abschusswinkel, indem du z. B. eine Rampe baust oder den Abstand zwischen Gummiband und Kartonbasis erhöhst.

Forsche weiter!

Probiere verschiedene Gummibänder aus oder verändere den Abstand zwischen den Pinnnadeln.

Funktionieren manche Fliegermodelle besser als andere?

Vergleiche den Start per Katapult mit dem Werfen des Papierfliegers von Hand!

Was steckt dahinter?

Damit er abheben kann, braucht dein Papierflieger Auftrieb, um sein Eigengewicht auszugleichen. Je schneller der Flieger sich bewegt, desto mehr Auftrieb erzeugt er. Das gedehnte Gummiband speichert potenzielle Energie, die beim Loslassen in Bewegungsenergie umgewandelt wird. Das Flugzeug wird über eine kurze Strecke schnell vorwärts gezogen und erhält genug Geschwindigkeit, um abheben zu können. Dadurch, dass der Flieger über den Haken mit dem Gummi verbunden ist, wird noch mehr Energie auf den Flieger übertragen.

Du kannst – unter Aufsicht einer erwachsenen Person – online nach Anleitungen für Papierflieger suchen.

ACHTERBAHN AUS TRINKHALMEN

Sammle Erfahrungen im Bereich Baustatik und Hochbau, indem du eine kleine, aber feine Achterbahn für einen Tischtennisball bastelst.

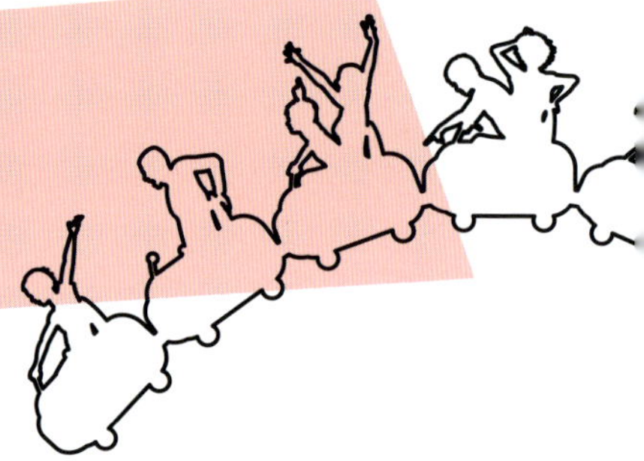

1 Stunde

Materialien

- ★ Stück Pappe, ca. 15 x 30 cm
- ★ 1 Paket Trinkhalme
- ★ Klebeband
- ★ Klebstoff (siehe Tipp, rechts)
- ★ Pappbecher, der einen Tischtennisball fassen kann
- ★ Tischtennisball

Methode

1 Lege die Pappe auf eine feste, ebene Fläche, z. B. auf den Boden oder auf einen Tisch.

2 Entscheide, wie hoch du deine Achterbahn bauen willst. Wenn sie zwei Trinkhalmlängen hoch sein soll, stecke zwei Trinkhalme ineinander (siehe Fotos unten) und wiederhole dies mit zwei weiteren Halmen. Nun hast du das erste Stützenpaar deiner Bahn.

3 Befestige die beiden Stützen im Abstand von etwa 2 cm mithilfe von Klebeband, Klebstoff oder beidem (sie müssen sicher stehen!) senkrecht am Rand deiner Pappebasis.

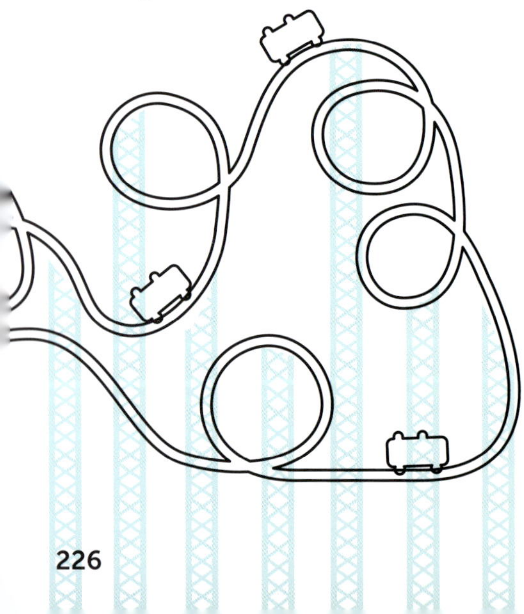

Schritt 2

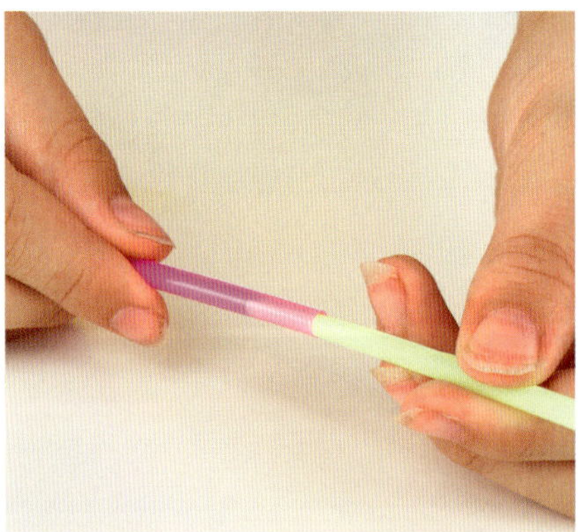

Schritt 3

Tipp

Mit einer Heiß-klebepistole lassen sich die Trinkhalme besser ankleben. Bitte hierfür eine erwachsene Person um Hilfe.

Schritt 5

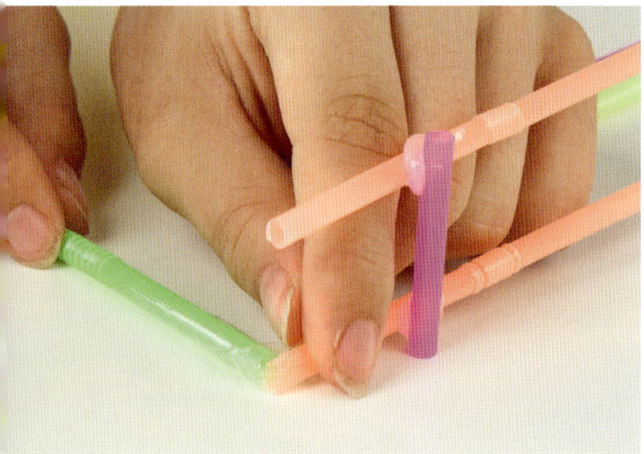

Schritt 6

Schritt 7

4 Bastle weitere Stützen für deine Bahn und klebe sie aufrecht auf der Pappe fest. Jedes neue Stützenpaar muss kürzer sein als das vorherige.

5 Um dein Gerüst stabiler zu machen, schneide Querstreben aus den Trinkhalmen, die du waagerecht an den Stützenpaaren festklebst.

6 Für die Schienen beginnst du beim höchsten Stützenpaar: Befestige oben auf den Stützen je einen Trinkhalm, den du dann zum nächst niedrigeren Stützenpaar führst und dort festklebst. Der Ball rollt über die beiden parallelen Trinkhalme.

7 Achte darauf, dass das Ende deiner Bahn etwas höher als der Pappbecher ist, und stelle den Becher dort auf, damit der Ball hineinfallen kann.

8 Lass den Tischtennisball vom höchsten Punkt aus losrollen und beobachte, wie er durchkommt. Nimm, wenn nötig, Verbesserungen vor, damit er schneller und/oder gleichmäßiger rollt.

Was steckt dahinter?

Am Anfang der Achterbahnstrecke besitzt der Ball potenzielle Energie. Wenn die Strecke genügend Gefälle hat, wird der Ball von der Gravitation nach unten gezogen. Auf seinem Weg bergab gewinnt der Ball an Energie und Tempo, bis er an das Ende kommt. Ist die Strecke jedoch nicht steil genug, fehlt es dem Ball an Energie, das Ende zu erreichen.

IM ECHTEN LEBEN

Seit mehr als 100 Jahren genießen Menschen den wilden Ritt auf einer Achterbahn. Das weltweit älteste in Betrieb befindliche Modell ist die Leap-the-Dips in Pennsylvania (USA) aus dem Jahr 1902 mit einer Durchschnittsgeschwindigkeit von 16 km/h.

Forsche weiter!

Was passiert, wenn die Schienen-Halme enger zusammenstehen? Rollt der Ball dann schneller? Kannst du das Ende der Bahn so gestalten, dass der Ball langsamer wird und von selbst anhält, statt im Becher zu landen?

BOOT MIT GUMMIBANDMOTOR

Vorsicht
Der abgeschnittene Löffelstiel kann scharfe Kanten haben.

Nutze die Kraft von Gummibändern, um dein kleines Boot anzutreiben. Ziehe dein Schaufelrad auf und staune, wie dein Boot durchs Wasser flitzt!

20 Minuten

Materialien

- ★ leere Plastikflasche, 0,5 l, mit Deckel
- ★ Klebeband
- ★ 6 Holzspieße
- ★ 2 Holz- oder Plastiklöffel
- ★ Schere
- ★ Gummiband
- ★ Badewanne oder großes Becken, fast voll mit Wasser

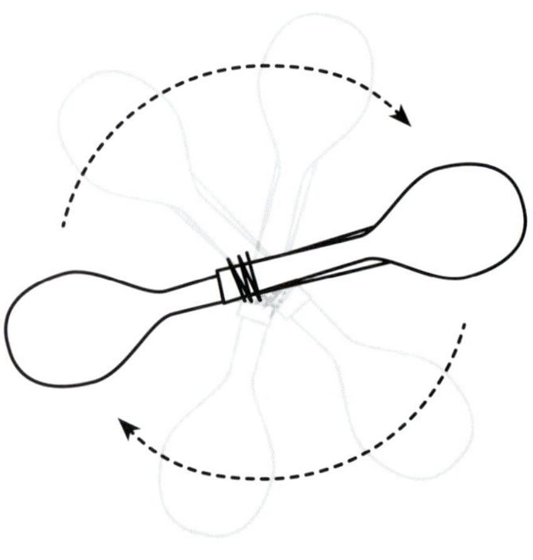

Methode

1 Stelle sicher, dass der Deckel fest zugeschraubt ist, sodass kein Wasser in die Flasche gelangen kann.

2 Befestige mit Klebeband an zwei gegenüberliegenden Seiten der Flasche je drei Holzspieße. Die Spieße sollen etwa 12–13 cm über den Flaschenboden hinausragen.

Schritt 2

Schritt 3

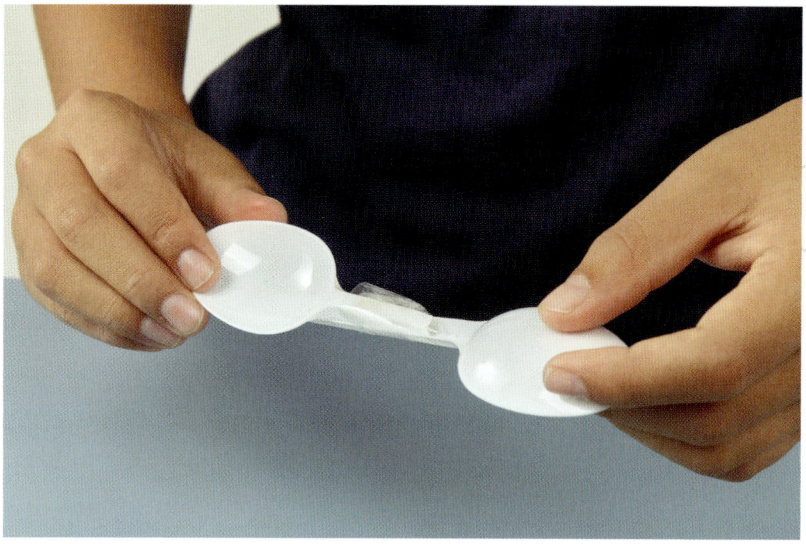

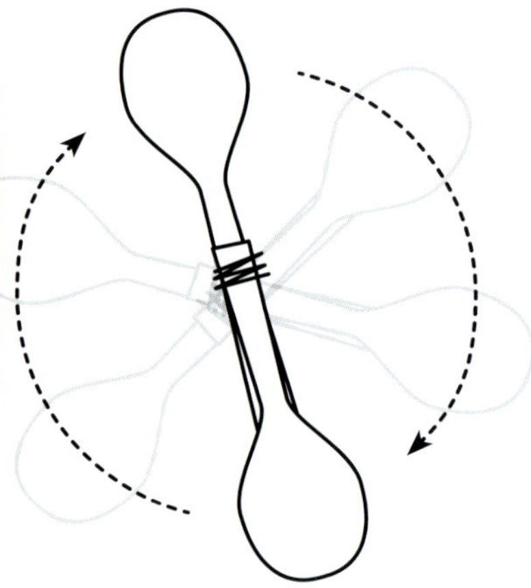

3 Schneide bei einem der Löffel die Hälfte des Griffs ab, lege ihn entgegengesetzt auf den anderen Löffel (einer zeigt nach oben, einer nach unten) und umwickle die Stiele fest mit Klebeband. Das ist deine Radschaufel.

4 Schlinge das Gummiband um die freien Enden der Holzspieße und stecke die Radschaufel mittig hindurch.

5 Drehe die Radschaufel rückwärts (von der Flasche weg), sodass das Gummiband sich aufzwirbelt, und lass dann los, um zu testen, wie die Radschaufel sich dreht. Nicht in die sich drehenden Löffel fassen!

6 Ziehe die Radschaufel noch einmal auf, lege die Flasche ins Wasser und lass los.

IM ECHTEN LEBEN

Schaufelraddampfer nutzen Dampfmaschinen, um das Schaufelrad anzutreiben und somit das Schiff durchs Wasser zu bewegen. Raddampfer wurden auch eingesetzt, um große Frachtkähne zu schleppen, da sie sehr stark waren, aber für raue See waren sie nicht geeignet.

Was steckt dahinter?

Bei deinem Raddampfer ersetzt das Gummiband den Motor. Durch das Aufdrehen gewinnt das Gummi potenzielle Energie. Wenn du das Band loslässt, wird diese Energie in kinetische Energie (Bewegungsenergie) umgewandelt, und das sich entzwirbelnde Band treibt die Radschaufel an. Die Löffel schieben das Wasser weg, wodurch das Boot sich vorwärts bewegt. Ziehst du das Band in die andere Richtung auf, fährt das Boot rückwärts.

Forsche weiter!

Kannst du dein Boot in ein U-Boot verwandeln? Versuche, das Gummiband ein paarmal mehr aufzuziehen, sodass es straffer gespannt ist.

Fährt das Boot schneller oder langsamer, wenn die Radschaufel näher an der Flasche ist?

ABFAHRT!

Liebst du Achterbahnen oder machst du einen Bogen um sie? Vor allem die erste große Abfahrt ist für viele ein Riesenspaß. Höchste Zeit, so etwas nachzubauen!

Achtung

Lass dir beim Zerschneiden der Schwimmnudel helfen!

30 Minuten

Materialien

★ Schere

★ Hohlschaum-Schwimmnudel

★ Gewebeband

★ 1 oder 2 Murmeln (klein genug, dass sie in die Rinne der Schwimmnudel passen)

★ Bücherstapel

Methode

1 Halbiere die Schwimmnudel der Länge nach, sodass du zwei Rollbahnen erhältst.

2 Verbinde die beiden Hälften mit Gewebeband zu einer langen Bahn. Achte darauf, dass das Klebeband sich nur auf der gerundeten Rückseite befindet, damit die Murmel ungehindert rollen kann.

3 Klebe ein Ende an der Wand oder am Stuhl fest (kläre mit den Eltern ab, wo es okay ist), um ein Gefälle zu erzeugen: die erste hohe Abfahrt deiner Achterbahn.

4 Baue Hügel ein, indem du Bücher unter die Bahn legst, oder vielleicht sogar einen Looping.

5 Lege an der höchsten Stelle eine Murmel in die Rinne und lass sie rollen!

Was steckt dahinter?

Wenn du die Murmel oben am Start platzierst, verfügt sie über potenzielle Energie. Wenn du sie loslässt, rollt die Murmel aufgrund der Schwerkraft bergab, und die Energie verwandelt sich in Bewegungsenergie. Wenn sie schnell genug wird, kann die Murmel auch entgegen der Gravitation weiterrollen und sogar den Bücherhügel überwinden. Die Murmel rollt weiter, bis ihre gesamte Energie durch die Reibung an der Schwimmnudel und den Luftwiderstand aufgebraucht ist.

Forsche weiter!

Wie weit rollt die Murmel, wenn du die Bahn verlängerst?

Bastle für die Bahn Tunnel aus Pappe und teste, ob die Murmel dadurch langsamer wird.

Was passiert, wenn du das Gefälle der ersten Abfahrt änderst oder sie verlängerst?

IM ECHTEN LEBEN

Die Achterbahn Kingda Ka im Vergnügungspark Six Flags Great Adventure in New Jersey (USA) hat die höchste erste Abfahrt der Welt (127 m) und erreicht eine Geschwindigkeit von bis zu 206 km/h!

LIEFERDIENST

Ein Korblift ist eine Luftseilbahn, bei der Körbe an einem ständig umlaufenden Seil hängen und Personen oder Güter befördern. Bastle deinen eigenen kleinen Korblift, um geheime Botschaften durch den Raum zu schicken!

10 Minuten

Materialien

- ★ 4 Stühle, gleich hoch
- ★ Maßband
- ★ Schere
- ★ kräftige Schnur, mind. 4,40 m lang
- ★ 2 Pappröhren, mind. 60 cm lang
- ★ Pappbecher
- ★ Locher
- ★ Schreibstift
- ★ 1 Blatt Papier
- ★ Wäscheklammer

Methode

1 Stelle zwei Stühle 30 cm entfernt voneinander auf, sodass ihre Lehnen zueinander zeigen.

2 Stelle die anderen beiden Stühle im Abstand von etwa 2 m von den ersten beiden auf, ebenfalls Rücken an Rücken und 30 cm voneinander entfernt.

3 Schneide ein gut 4 m langes Stück Schnur ab und verknote die Enden. Nun hast du eine lange Schlinge.

4 Führe eine Pappröhre durch die Schlinge und lege sie quer von Sitzfläche zu Sitzfläche eines Stuhlpaares.

Schritt 4

Schritt 7

5 Führe die zweite Röhre durch das andere Ende der Schlinge und platziere sie zwischen den Sitzflächen des zweiten Stuhlpaares.

6 Stanze mit dem Locher vorsichtig zwei Löcher in die gegenüberliegenden Seiten des Pappbechers, knapp unter dem Rand. Fädle je ein Ende einer ca. 30 cm langen Schnur durch die Löcher und knote sie fest. Das ist die Aufhängung des Bechers.

7 Schreibe eine Botschaft auf das Blatt Papier, falte es zusammen und stecke es in den Becher. Befestige die Aufhängung des Bechers mithilfe einer Wäscheklammer am unteren Seil deines Korbliftes, in der Nähe einer Papprolle.

8 Ziehe am oberen Seil und beobachte, was passiert. Was musst du tun, damit der Becher samt Botschaft zu dir zurückkommt?

Was steckt dahinter?

Die beiden von den Stühlen gehaltenen Pappröhren fungieren als einfache Seilrollen. Eine Seilrolle ist eine Rolle, über die ein Seil oder Kabel geführt wird, ohne dass es sich aufreibt oder abnutzt. Durch die Seilrolle kann die Schnur die Richtung wechseln, sodass der Pappbecher vor- und zurückbewegt werden kann, je nachdem, ob du an der oberen oder unteren Schnur ziehst.

IM ECHTEN LEBEN

Fahnenmasten verwenden Seilrollen, um eine Flagge zu hissen oder wieder herunterzulassen. Dank der Rolle lässt sich die Flagge ganz einfach auf die richtige Höhe ziehen.

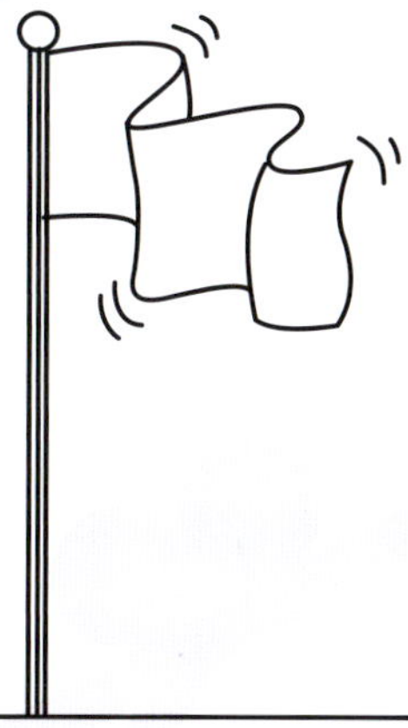

Forsche weiter!

Baue eine Steigung ein, indem du eine Papprolle zusätzlich auf Bücher legst. Ändert sich etwas? Schreibe es in dein Protokollheft!

Belade den Pappbecher mit schwereren Objekten. Wie viel Gewicht kann er transportieren?

WO IST NORDEN?

Stell dir vor, du verläufst dich. Welches nützliche Instrument darf in keiner Outdoor-Ausrüstung fehlen? Ein Kompass! Mit einem Magneten und einer Nadel kannst du leicht selbst einen basteln.

10 Minuten

Materialien

- ★ Schere
- ★ Korken
- ★ Magnet
- ★ große Nähnadel
- ★ große Schüssel mit Wasser
- ★ Landkarte der Region

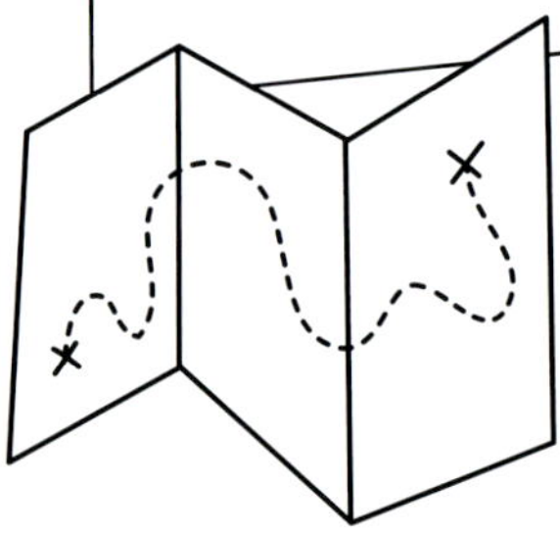

Methode

1. Schneide von einem Korken eine Scheibe ab, die einen Durchmesser von ca. 2,5 cm hat und 0,5 cm dick ist.
2. Um die Nadel zu magnetisieren, halte sie am Nadelöhr fest und reibe den Magnet mindestens 50-mal über die Nadel, immer vom Nadelöhr zur Spitze.
3. Platziere die Nadel mittig auf der Korkscheibe, sodass die Enden gleich weit über die Scheibe hinausragen.
4. Lege die Korkscheibe samt Nadel in die Schüssel mit Wasser und beobachte, wie sie sich bewegen. Das spitze Ende der Nadel sollte nach Norden zeigen.
5. Breite die Karte aus und drehe sie, bis der Norden auf der Karte (oben) in Übereinstimmung mit der Kompassnadel nach Norden zeigt. Jetzt kannst du dich orientieren und dir eine Route überlegen.

Was steckt dahinter?

Kompasse funktionieren dank des **Magnetfeldes** der Erde. Die magnetisierte Nadel auf der Korkscheibe kann sich auf dem Wasser frei und reibungsarm bewegen, sodass sie sich automatisch nach dem Erdmagnetfeld in Nord-Süd-Richtung ausrichtet.

Forsche weiter!

Bastle einen zweiten Kompass (Nadel und Korken) und lege ihn ebenfalls in die Wasserschüssel. Was passiert? Drehe die Korken und schreibe in dein Protokollheft, wie sie sich bewegen.

Trage die Schüssel vorsichtig in andere Zimmer oder nach draußen. Zeigt die Nadel immer noch nach Norden?

IM ECHTEN LEBEN

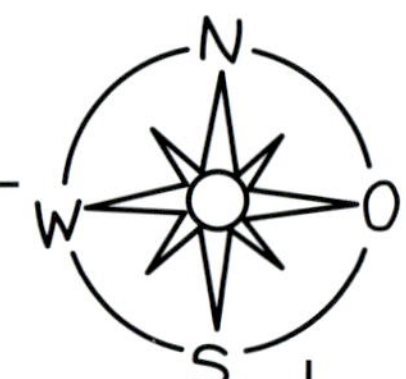

Kompasse helfen Menschen, den richtigen Weg zu finden. Vor allem in der Schiff- und Luftfahrt sind sie unentbehrlich, da es am Himmel oder auf hoher See meist keine Landmarken gibt, an denen man sich orientieren könnte!

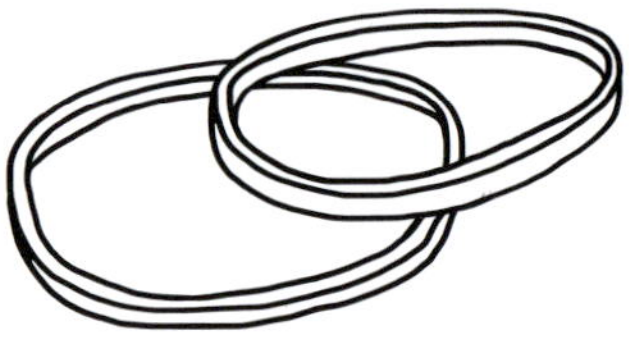

BALLWURF-APPARAT

Achtung
Lass dir beim Schneiden der Flasche helfen.

Wie kannst du einen Ball weiter schleudern, als du ihn mit der Hand werfen kannst? Dieser Wurfapparat katapultiert deinen Ball hoch in den Himmel!

20 Minuten

Materialien

- ★ Schere
- ★ leere Plastikflasche, 0,5 l, ohne Deckel
- ★ 2 Gummibänder
- ★ Bindfaden (ca. 20 cm lang)
- ★ Holzspieß
- ★ Tischtennisball

Methode

1 Bitte eine erwachsene Person, eine Plastikflasche in zwei Hälften zu schneiden – du brauchst nur das Oberteil. Dann soll er oder sie von dieser Schnittkante aus vier Schlitze schneiden, entsprechend den Positionen der 12, 3, 6 und 9 auf einem Ziffernblatt.

2 Spanne ein Gummiband auf und führe es durch die Schlitze der Positionen 12 und 6 und anschließend außen um die Flasche herum (blauer Halbkreis in der Abb. unten). Wiederhole dies mit dem anderen Band und den Positionen 9 und 3 (rosa Halbkreis in der Abb.). Die Bänder sollen sich in der Mitte der Flasche überkreuzen.

3 Knote den Bindfaden dort fest, wo die Gummibänder sich kreuzen, und führe das andere Ende des Fadens durch den offenen Flaschenhals nach unten.

4 Schneide die Spitze des Holzspießes ab und knote den Faden an die Mitte des Spießes. Nun hast du einen Griff.

5 Lege den Tischtennisball auf die gekreuzten Gummibänder. Halte den Flaschenhals fest, ziehe den Griff nach unten und lass ihn dann ruckartig los!

Schritte 1 und 2

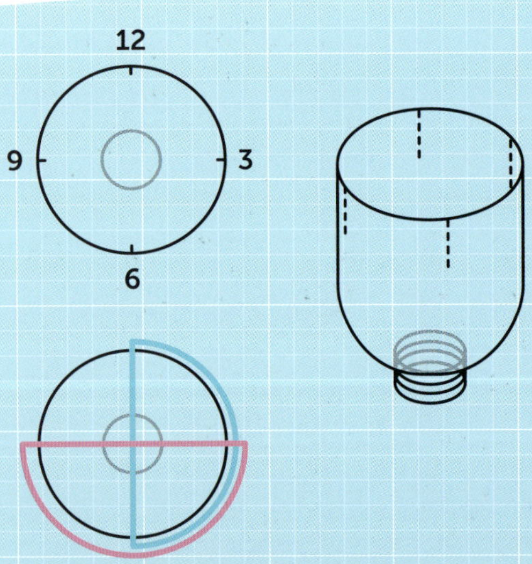

Schritt 5

Was steckt dahinter?

Wenn du den Griff nach unten ziehst, dehnen sich die Gummibänder und sie gewinnen **elastische** Energie (oder Verformungsenergie). Wenn du den Griff loslässt, wird die elastische Energie in kinetische Energie (oder Bewegungsenergie) umgewandelt. Da die Gummibänder über Kreuz liegen, richtet sich diese kinetische Energie auf den Ball, der in die Luft geschleudert wird. Außerdem stabilisieren die vorteilhafte Form der Flasche und der leicht zu bedienende Griff den Wurfapparat zusätzlich, sodass deine Bälle noch weiter fliegen.

IM ECHTEN LEBEN

Die jahrtausendealte Verwendung von Pfeil und Bogen basiert auf dem gleichen Prinzip. Durch das Spannen (Dehnen) und schnelle Loslassen der Sehne fliegt der Pfeil viel weiter und schneller und hat mehr Wucht, als wenn man ihn einfach mit der Hand werfen würde.

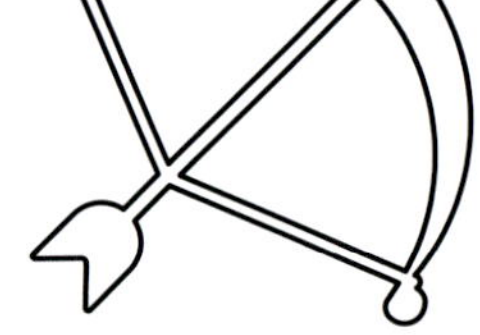

Forsche weiter!

Untersuche, wie weit der Ball je nach Fadenlänge fliegt: Ziehe den Faden 2 cm weit nach unten, markiere die Stelle auf dem Faden mit einem Strich und miss, welche Entfernung der Ball zurücklegt. Wiederhole dies mit 4 cm und 6 cm.

Nimm einen schwereren Ball. Fliegt er weiter?

Probiere verschiedene Flaschengrößen aus. Notiere die Ergebnisse im Protokollheft.

GLOSSAR

Antrieb
Kraft, die ein Objekt vorwärts bewegt.

Atome
Winzige Teilchen, aus denen jeder Stoff besteht; die Atome selbst bestehen wiederum aus noch kleineren Teilchen.

Atrium
Herzvorhof; er empfängt das Blut und pumpt es in die Herzkammer.

Auftrieb
Nach oben gerichtete Kraft, die auf Körper wirkt, die in Gasen schweben oder in Flüssigkeiten schwimmen, und ihre Gewichtskraft verringert.

Base
Gegenteil einer Säure. Basische bzw. alkalische Substanzen und Säuren heben sich gegenseitig auf.

Brechung
Richtungsänderung einer Welle aufgrund einer Veränderung ihrer Geschwindigkeit. Lichtwellen ändern beim Übergang von Luft zu Wasser Geschwindigkeit und Richtung.

Chemische Reaktion
Vorgang, bei dem zwei oder mehr chemische Stoffe oder Substanzen miteinander vermischt werden und eine chemische Veränderung erfahren, sodass neue Substanzen entstehen.

Daten
Informationen in Form von Fakten, Zahlen und Beobachtungen, die mithilfe von Experimenten oder wissenschaftlicher Forschung gesammelt wurden.

Dichte
Maß dafür, wie eng die Partikel, aus denen ein Objekt aufgebaut ist, beieinanderstehen. Bei zwei Objekten mit gleichem Volumen hat das schwerere Objekt die höhere Dichte.

Drehpunkt
Feststehender Punkt, um den sich ein fester Körper dreht oder vor- und zurückbewegt. Bei einer Wippe befindet sich der Drehpunkt in der Mitte.

Druck
Fortdauernde Kraft, die von einem Objekt ausgeht, das gegen ein anderes drückt.

Einschlagkrater
Große Vertiefungen auf der Oberfläche eines Planeten oder Mondes infolge von Meteoriteneinschlägen.

Elastisch
Eigenschaft, sich dehnen zu können und danach zur ursprünglichen Form und Größe zurückzukehren.

Elektronen
Subatomare Teilchen (d. h. sie sind kleiner als ein Atom) mit einer negativen Ladung, die den Atomkern umkreisen.

Elektrostatische Aufladung
Aufbau einer elektrischen Ladung an der Oberfläche eines zuvor ungeladenen Objektes. Wenn du einen Luftballon an deinen Haaren reibst, gehen negativ geladene Elektronen auf ihn über, sodass deine Haare sich gegenseitig abstoßen und vom Kopf abstehen.

Energie
Fähigkeit, Arbeit verrichten zu können. Energie existiert in vielen verschiedenen Formen, z. B. elastische, kinetische, elektrische oder chemische Energie.

Erneuerbare Energie
Energiequelle, die sich relativ schnell regeneriert, z. B. Solarenergie und Windkraft.

Experiment
Sorgfältig geplanter Versuch mit dem Ziel, etwas Unbekanntes herauszufinden oder eine bekannte Gesetzmäßigkeit oder Tatsache zu veranschaulichen.

Frequenz
Anzahl der vollständigen Wellen, die in einer Sekunde einen bestimmten Punkt durchlaufen.

Gesättigt
Nichts mehr aufnehmen können; z. B. kann ein Schwamm mit Wasser gesättigt sein

Gravitation
Die gegenseitige Anziehungskraft zwischen Objekten; die Stärke hängt von deren Masse ab.

Habitat
Natürlicher Lebensraum einer Pflanzen- oder Tierart.

Impuls
Schwungkraft oder Wucht von etwas, das in Bewegung ist.

Isolierung
Hier: Hülle oder Ummantelung eines Objekts, um die Übertragung von Wärme oder Elektrizität zu begrenzen oder zu unterbinden.

Kohlenstoffdioxid
Farbloses Gas, ohne das es kein Leben auf der Erde gäbe. Wir stoßen es aus, wenn wir ausatmen, Pflanzen nehmen es auf.

Kondensation
Prozess, bei dem sich ein Gas in eine Flüssigkeit verwandelt, etwa wenn Wasserdampf abkühlt und sich Wassertropfen bilden.

Kraft
Etwas, das ein Objekt dazu bringt, sich zu bewegen oder schneller bzw. langsamer zu werden; z. B. ein Stoß oder eine Anziehung.

Lösung
Mischung aus zwei oder mehr verschiedenen Substanzen, meist Flüssigkeiten.

Luftwiderstand
Kraft, die Objekte verlangsamt, wenn sie sich durch die Luft bewegen.

Magnetfeld
Bereich um einen elektrischen Strom oder Magneten, in dem eine Magnetkraft wirkt.

Meteorologie
Wissenschaft, die Erdatmosphäre und Wetter untersucht und Wettervorhersagen erstellt.

Moleküle
Gruppen von zwei oder mehr Atomen; die kleinsten Bausteine einer Substanz, die alle Eigenschaften dieser Substanz aufweisen.

Ökosystem
Eine Gemeinschaft verschiedener lebender Organismen und ihr Lebensraum.

Osmose
Das Fließen von Wasser durch eine Membran zum Ausgleich eines Konzentrationsunterschiedes. Pflanzen nehmen mithilfe von Osmose Wasser aus dem Boden auf.

Partikel
Teilchen; winzige Bestandteile, aus denen alle Dinge bestehen, Moleküle, Atome und Elektronen eingeschlossen.

Phototropismus
Wachstum einer Pflanze zur Lichtquelle hin und ihre damit einhergehende Bewegung, z. B. die Krümmung des Stängels.

Pole
Die einander gegenüberliegenden Enden eines Magneten (Nord- und Südpol).

Polymere
Lange Molekülketten, die sich tatsächlich wie eine Kette verbiegen können, z. B. Materialien wie Nylon, Papier, Plastik, Baumwolle oder Seide.

Reibung
Kraft, die der Bewegung entgegenwirkt; sie entsteht, wenn zwei Objekte aneinander reiben oder sich in entgegengesetzter Richtung aneinander vorbeibewegen. Glatte Objekte verursachen wenig Reibung, raue Oberflächen mehr.

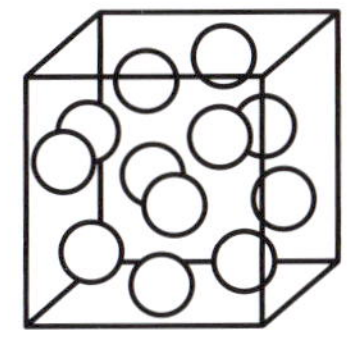

Sauerstoff
In der Luft befindliches Gas; überlebenswichtig für Menschen und fast alle Tiere.

Säure
Meist sauer schmeckende Substanz, die andere Materialien auflösen kann; wird neutralisiert durch eine Base.

Schallwellen
Bewegte Energie, die entsteht, wenn etwas schwingt. Schall kann sich in Luft, Festkörpern und Flüssigkeiten ausbreiten.

Schub
Schneller Stoß in eine bestimmte Richtung, z. B. wenn du einen Papierflieger in die Luft wirfst.

Schwingung
Schnelles Vor- und Zurückbewegen eines Objektes. Diese Bewegung gelangt in Form von Schallwellen an unsere Ohren und von dort zu unserem Gehirn, das einen Klang erkennt.

Thermisch
Alles, was mit Wärme oder Temperatur zu tun hat; thermische Energie ist Wärmeenergie.

Tonhöhe
Frequenz eines hörbaren Tones, gemessen in Hertz (Hz). Pfeiftöne haben eine hohe Frequenz, grollender Donner eine niedrige.

Ventrikel
Die Herzkammern, die das Blut in den Körper pumpen.

Verdunstung
Prozess, bei dem sich eine Flüssigkeit in ein Gas verwandelt, z. B. wenn Wasser zu Wasserdampf wird.

Viskosität
Zähflüssigkeit; Wasser hat eine geringe Viskosität und fließt schnell, Honig hat eine hohe Viskosität und fließt langsamer.

Wasserdampf
Gasförmiges Wasser, z. B. Wolken.

Xylem
Röhrenartiges, holziges Gewebe z. B. in Blütenstängeln, durch das Wasser und andere Stoffe innerhalb der Pflanze transportiert werden.

Zahnschmelz
Schutzschicht, die unsere Zähne überzieht; härteste Substanz im menschlichen Körper.

REGISTER

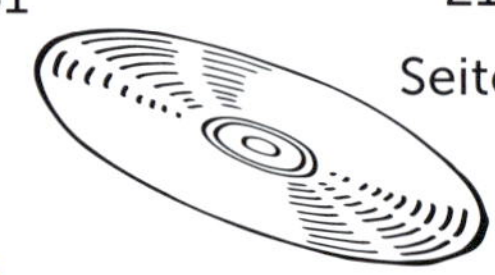

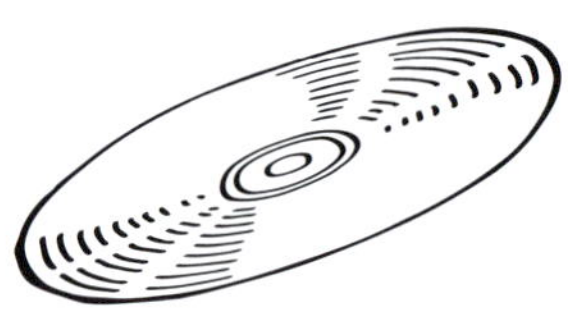

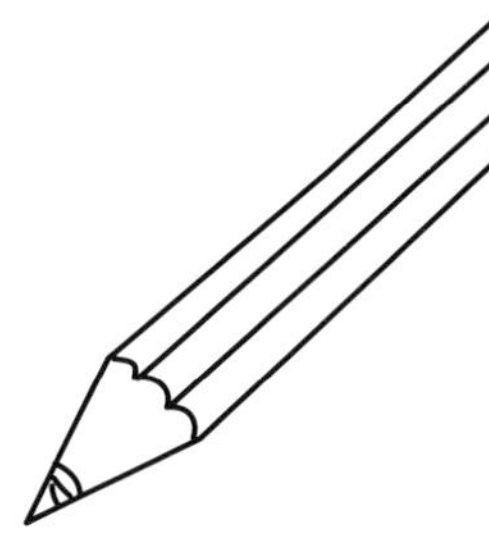

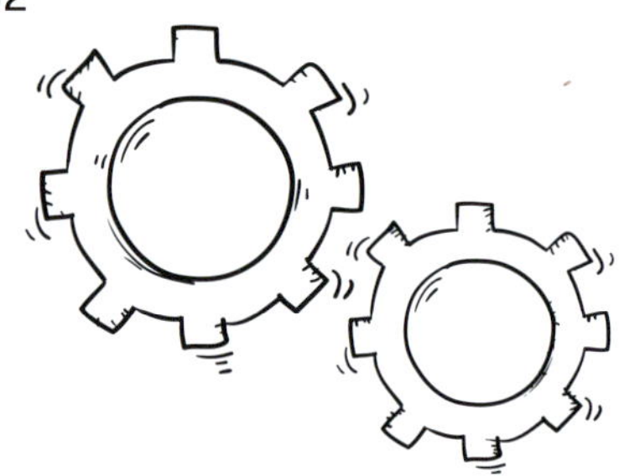

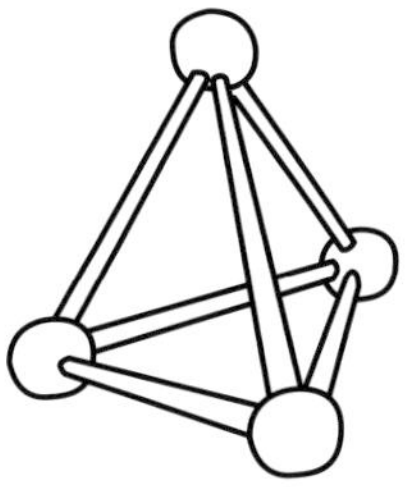

Dank

Wir danken Neal Grundy für die Fotos.
Alle anderen Bilder © Shutterstock.